不得了！超有料的體育課
地理篇
世界各國瘋運動

企劃　小木馬編輯部
文　黃健琪
圖　傅兆祺

小木馬

編者的話

讓愛閱讀的小朋友，開始享受運動的好處

陳怡璇 小木馬出版總編輯

　　《不得了！超有料的體育課》是小木馬編輯團隊歷經一年的企劃製作，趁著四年一度2024巴黎奧運年送給小讀者的系列作。來到這堂超有料的體育課，不僅僅活動筋骨、揮灑汗水，還將帶給孩子與運動及體育賽事相關，涵蓋科學、地理歷史，以及數學等面向的有趣知識，是以體育為出發的跨領域文本。

　　從前從前，曾經有好長的時光，我們的學習和成長擁抱著「萬般皆下品，唯有讀書高」的社會氣氛，然而現在的我們已經知道並非如此，我們也都開始明白，運動對大人小孩所帶來的好處，不僅僅是強健體魄與體力。對小小孩，運動可以協助訓練小肌肉、手眼協調能力、追視能力；對學齡兒童來說，運動是生活的平衡、同儕相處、團隊合作等的練習，也是身心放鬆和放電的好選擇；孩子大一點，若仍能持續堅

毅執著的在體育場上投入與付出，許多家長和大環境也願意栽培孩子，往成為體育選手或相關產業發展的可能。

隨著媒體的多樣發達，無論在台灣或是世界各地，許多體育賽事也已成為家人朋友相聚的焦點，許多體育選手是我們搖旗吶喊的對象，是孩子心中的偶像典範。

和體育相關的可不僅僅只有賽事和體能、技巧等的展現。如果我們用數學腦看體育、用科技腦看賽事、用歷史風土理解體育，那麼一堂體育課將能看到更多有趣的觀點和見解，《不得了！超有料的體育課》系列書，正是希望熱愛運動的小讀者們可以藉由閱讀，認識更多有趣的知識。反過來說，也希望這個有趣的系列，可以讓愛閱讀的小朋友，也能開始享受運動的好處。

目次

編者的話 ……………………………………………………… 3

亞洲篇

- **Q1** 在亞洲的國家和地區，都能參加亞洲運動會？……… 9
- **Q2** 哪兩項運動在亞洲最受歡迎？…………………………… 13
- **Q3** 為什麼桌球和羽球比賽，冠軍大多是亞洲人？……… 17
- **Q4** 世界最高的運動場地在哪裡？…………………………… 21
- **Q5** 台灣發明了哪一項球類運動？…………………………… 25
- **Q6** 韓國最厲害的運動項目是電競？………………………… 29
- **Q7** 日本舉辦奧運時，相撲可以列為項目嗎？……………… 33

美洲篇

- **Q8** 北美洲、中南美洲盛行的運動大不相同？……………… 37
- **Q9** 巴西和阿根廷是怎麼成為足球強國？…………………… 41
- **Q10** 北美最受歡迎的職業聯盟運動有哪些？………………… 45
- **Q11** 全世界最難的運動是什麼？……………………………… 49

Q12 夏威夷的每個人都會衝浪？……………………………… 53
Q13 為什麼要在沙灘上打排球？…………………………… 57
Q14 在沙灘上可以踢足球？………………………………… 61
Q15 踢足球竟然踢到兩國戰爭？…………………………… 65

歐洲篇

Q16 歐洲最受歡迎的運動是什麼？………………………… 69
Q17 自行車公路賽和越野賽哪裡不同？…………………… 73
Q18 歐洲人在哪裡練習射擊運動？………………………… 77
Q19 各國的射箭方式都不同，是誰統一規則？…………… 81
Q20 捷克人民以愛國情懷發展出韻律體操？……………… 85
Q21 滑雪其實只是北歐人的行進方式？…………………… 89
Q22 排球隊員都很高，歐洲國家一定很強？……………… 93
Q23 挪威女子沙灘手球隊，沒穿比基尼要罰款？………… 97
Q24 冰壺是從冰上滑石頭遊戲演變而來？……………… 101
Q25 觀看擊劍比賽不能大聲歡呼？……………………… 105
Q26 可以在城市裡合法飆車？…………………………… 109

非洲篇 🌍

Q27 非洲最受歡迎的運動項目是什麼？……………………………… 113
Q28 在沙漠也可以進行賽車！……………………………………… 117
Q29 最奇特的跑步比賽場地在哪裡？……………………………… 121
Q30 非洲國家為什麼沒有辦過奧運會？…………………………… 125

大洋洲篇 🌏

Q31 大洋洲國家都沒有舉辦過冬季奧運會？……………………… 129
Q32 澳式足球不是你所知道的足球？……………………………… 133

人物介紹

凱開 小學五年級

反應很快、身體協調性佳,擅長跑步,最喜歡看田徑比賽,尤其是賽跑最後衝刺到終點的那一刻。除了田徑,對於其他運動進行的方式就一知半解。

小學五年級 派派

是凱開的同學。很喜歡看各類球賽,對於運動明星如數家珍。不擅長運動,但是會參加團體的運動項目,例如躲避球、籃球,因為派派說,她是用頭腦在運動。

王海莉 體育老師

外表甜美可愛的樣子,但其實是大力士,擅長一切體育項目,但如果要跳舞的話,就會手腳打結。因為小時候出生是巨嬰,爸爸以大力神海克力斯來命名。

社會科老師 林利斯

是凱開和派派班級的級任老師。運動狂,每年一定要參加鐵人賽、馬拉松路跑,還很會打桌球,自比小林同學,但是大家都叫他小林老師。

亞洲

Q1 在亞洲的國家和地區，都能參加亞洲運動會？

大家都參加，比賽熱鬧又刺激！

我沒看過俄羅斯參加耶。

俄羅斯的土地大多在亞洲，但主要人口和重要城市都在歐洲陸地，因此沒有參加亞洲運動會。

想參加世界第二大運動會，
請先加入**亞奧理事會**。

　　亞洲是世界七大洲中面積最大，人口最多的一個洲。地域十分遼闊，現有1000多個民族，約占世界民族總數的一半。在亞洲地區，能召集這麼多不同民族的運動員一起比賽，舉行規模最大、水準最高的綜合性運動會的，就是由亞洲奧林匹克理事會（亞奧理事會）所主辦的亞洲運動會（簡稱亞運會或亞運）。這是僅次於奧運會的世界第二大綜合性運動會，和奧運會一樣，每4年舉辦一次，參賽選手代表的國家和地區涵蓋世界60%的人口，無論以多樣性和文化特色來說，亞運會都是亞洲地區首屈一指的運動會。

在亞洲，不一定就是會員

　　有很多橫跨或鄰接亞洲、歐洲的國家和地區，常會使人分不清是否為亞運會成員，俄羅斯就常會使人誤會。俄羅斯以土地面積來算，有77%土地面積位於亞洲，其餘的23%屬於歐洲，但是就人口而言，卻剛好相反，77%的人口居住在歐洲，重要的城市也都集中在歐洲，只有23%的人口居住在亞洲，因此以運動員人數來說，俄羅斯更應該參加歐洲運動會，因此俄羅斯「不是」亞運會成員。

　　此外，西亞國家的土耳其也常被人誤解，它的首都伊斯坦堡也橫跨亞歐兩塊陸地，一般被認為是亞洲國家，但它和喬治亞、亞美尼亞、亞塞拜

然、塞普勒斯也都是歐洲運動會的參賽會員，不是亞運會員喔！

位於西亞的以色列，早期曾派代表團參加亞運會，但與中東國家劍拔弩張之後，遭受鄰近的阿拉伯及穆斯林國家聯合抵制，自1978年後，以色列不再參加亞運會。

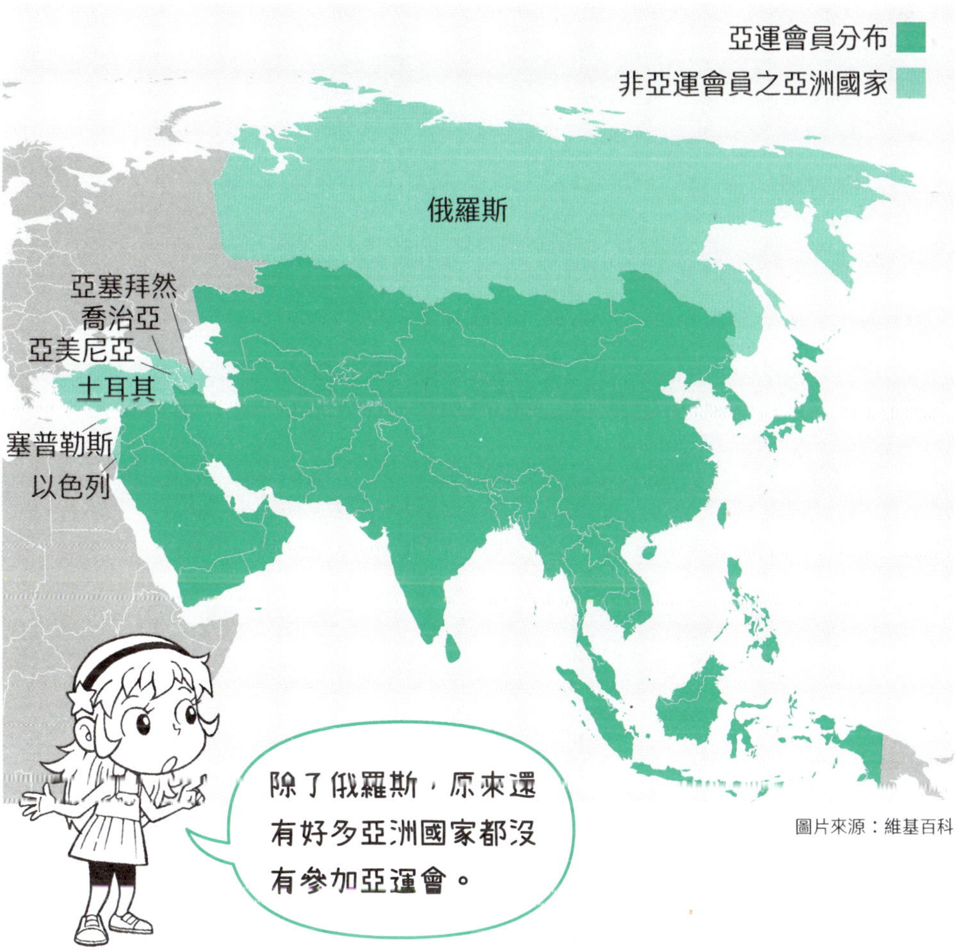

亞運會員分布
非亞運會員之亞洲國家

俄羅斯
亞塞拜然
喬治亞
亞美尼亞
土耳其
塞普勒斯
以色列

除了俄羅斯，原來還有好多亞洲國家都沒有參加亞運會。

圖片來源：維基百科

與奧運不同，有專屬亞洲的比賽

　　亞運會並沒有常設辦公室，每屆亞運會的主辦城市是輪流舉辦，經過亞奧理事會的委員，在舉辦前的6至8年投票選出。主辦城市能在亞奧理事會認可的項目中選擇比賽項目，每屆亞運會比賽項目不得少於11項，除田徑和游泳以外的項目，由亞運會主辦城市選擇。

　　此外，亞運會還設立了一部分「非奧運項目」，這是專屬亞洲的運動比賽，像是據說起源於印度的卡巴迪，這是一種類似「老鷹捉小雞」的比賽，或是起源於馬來地區，被稱為「腳踢的排球」的藤球。

亞奧理事會考慮到亞洲不同區域的傳統文化特點，以及增加亞運會的吸引力，因此亞運會的比賽項目，除了和奧運類似，部分亞運項目還是奧運或世界盃的資格賽，運動員只需達到指定名次，就能獲得奧運或世界盃的參賽資格。

足球、板球在亞洲擁有最多球迷。

體育運動是世界上除音樂以外的世界共通語言，可以跨越種族、文化、宗教及職業等的差異，一般人不需要精通運動，即使觀賞賽事也能樂在其中。如何看出哪些運動最受歡迎？從全球粉絲及觀眾數、收視率、網路上的影響力、社交媒體曝光程度、頂級聯賽運動員的平均收入，甚至廠商對於比賽的贊助金額等評比得知，在亞洲最受歡迎的運動前兩名，就屬足球和板球了。

日本、韓國引領東亞足球

足球盛行的原因很簡單，人們只要找到一片空地，準備一顆球和穿上一雙球鞋，就可以踢足球，而且在現代足球尚未流行前，亞洲自古就有現代足球的前身——「蹴鞠」的遊戲，因此亞洲人對現代足球的接受程度很高。

足球在全球擁有40億球迷，雖然亞洲也非常盛行，球迷很多，但和歐洲、南美洲相較，亞洲地區的足球水準並不算高。現今的亞洲足球，大致可分為兩大勢力——東亞和西亞。東亞的領頭羊為日本、南韓，西亞地區的整體水準則相當平均。不過，隨著亞洲足球整體水準不斷上升，這樣的刻板印象將不斷被打破。

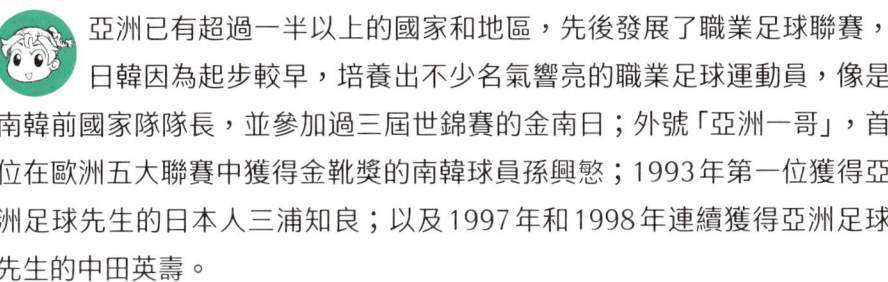

亞洲已有超過一半以上的國家和地區,先後發展了職業足球聯賽,日韓因為起步較早,培養出不少名氣響亮的職業足球運動員,像是南韓前國家隊隊長,並參加過三屆世錦賽的金南日;外號「亞洲一哥」,首位在歐洲五大聯賽中獲得金靴獎的南韓球員孫興慜;1993年第一位獲得亞洲足球先生的日本人三浦知良;以及1997年和1998年連續獲得亞洲足球先生的中田英壽。

在印度,人人都是板球迷!

第二受歡迎的運動是板球,據專家推算全球擁有約26億的粉絲。板球源自英格蘭,盛行於大英國協的成員國,如英國、澳洲、紐西蘭、印度、南亞等地。尤其是擁有14億人口的印度,全國上下都十分熱愛板球運動。

板球是在英國殖民時期傳入印度,獨立後,對板球的愛好甚至超越英國。印度史上最有影響力的板球運動員為薩辛・坦都卡,被封為板球之神,在2014年印度國會的上議院,還曾提名他為印度總統,影響力可見一斑。

印度有眾多國際級板球體育場,莫迪體育場最大,可以容納13萬名觀眾!

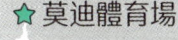

☆莫迪體育場

比賽時間最長的球類運動

板球的球季主要在春季與夏季。板球場為橢圓形,中間有一條長方形的板球道,兩端各有一個三柱門和擊球線。擊球手成功擊球後,擊球手和跑壘員隨即在板球道兩端來回快跑,如果防守方的其他球員未能在球觸地前把球接住,每次兩人成功越過擊球線碰地即獲得一分。防守方只要把球投中三柱門,或是球被擊出後、觸地前能成功接住球,擊球手就會被判出局。10位擊球手出局就換另一方進攻。若在不限球數的賽制下,一場比賽要花4、5天才能比完,想看完整場比賽要有點耐心喔!

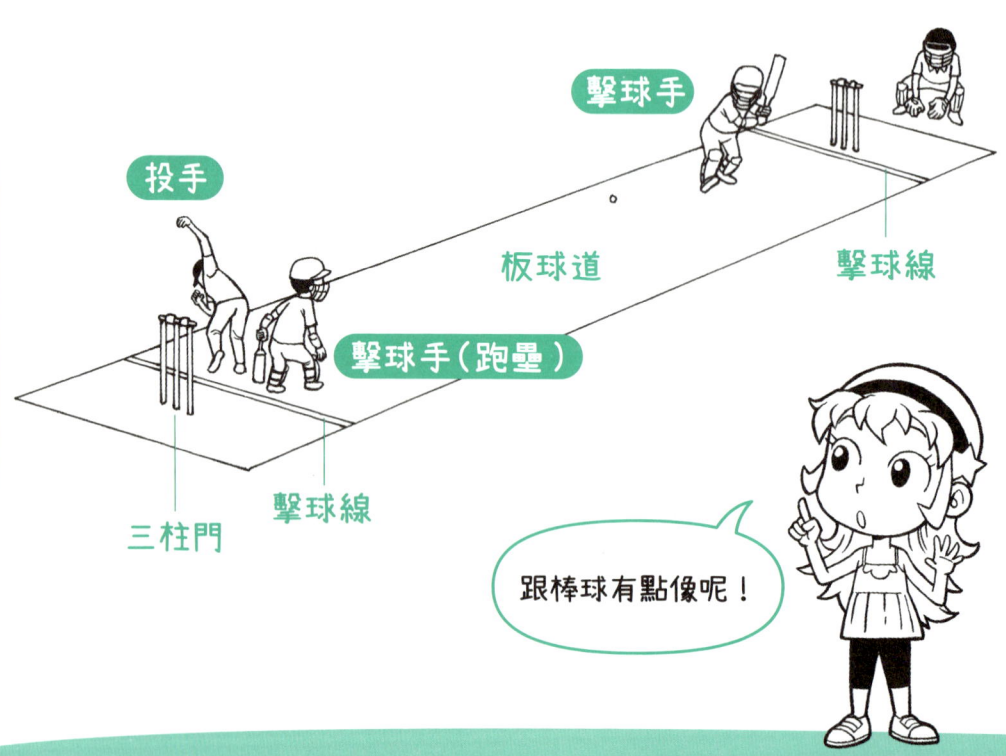

跟棒球有點像呢!

亞洲國家競爭激烈，眾多選手中自然催生出冠軍！

　　桌球和羽球的國際賽，冠軍常被亞洲人抱走，因此有人推想，可能是亞洲人的身體素質特別適合這兩項運動。不過有學者研究，以身體構造而言，桌球和羽球運動對亞洲人並非特別有利，這兩項運動在對戰時，講求的是反應快、身手靈敏，並不需要身體接觸。左右比賽勝負的還有技術、戰術、體能、心理等多種因素，身體素質只是輸贏的因素之一，但並非絕對。能產生這麼多的冠軍，與亞洲各國與地區的體育文化有更直接的關係。只要發展好、參與人數多，自然有利於找出優秀運動員加以培訓。這種現象不只在亞洲如此，在羽球文化濃厚，桌球水準不俗的丹麥和德國亦是如此。

桌球冠軍輪流易主

　　桌球並不是亞洲人發明的，這項運動起源於19世紀末的英國，到了1926年，第一屆世界桌球錦標賽開打，冠軍幾乎都在歐洲，可以說在1950年代以前，幾乎都是歐洲球員獨霸的時代。之後風水輪流轉，日本第一次參加世界賽，便擊敗了歐洲，從1952～1959年，桌球界只能看日本獨領風騷。

　　1959～1969年，是中國崛起的時期，並且背負著外交重擔，以「小球轉動大球」的口號，希望中國的體育在世界一鳴驚人。隨著競技成績的

提高，中國桌球在國際上的地位確實逐步提升，給中國帶來了榮譽，因此被稱為中國的「國球」。

1971～1987年，歐洲經過長期技術上的摸索，總算在球壇上找回自己的一片天，形成歐亞對抗的局面。不過在1988年桌球正式列入奧運比賽項目後，1988、1992、1996和2000年的四屆奧運成績上，亞洲幾乎拿下了所有冠軍，同時國際大賽中的冠亞軍對決，也常出現「中國人打中國人」的特殊局面。

各國獲得奧運桌球獎牌數

國家	獎牌數量
✓ 中國	66
✓ 韓國	20
✓ 日本	10
德國	9
✓ 北韓	5
瑞典	5
法國	4
✓ 中華台北	3
✓ 新加坡	3
✓ 中國香港	2
南斯拉夫	2
丹麥	1

奧運會目前頒發共130枚桌球獎牌，亞洲國家就拿了109枚！

截至2024年止

羽球從歐洲誕生，在亞洲發光發熱

　　羽球在亞洲的發展也類似桌球，1870年代英國發展出現代羽球的比賽與規則，後來盛行於歐洲、美洲。1920～1930年代，英國是羽球霸主，10年後，丹麥起而代之，成為世界羽球王國。到了二次世界大戰後，羽球優勢轉向亞洲。亞洲各國的羽球發展以馬來西亞和印尼起步最早，隨著英國在世界各地殖民，羽球也早早就傳入了當地，加上每年都會有相當長的一段時間，是微風甚至是無風的天氣，在戶外就可以打羽球，有利於羽球發展。後來在兩地羽球運動員努力下，成為羽球世界大賽的常勝軍；他們快速靈活的戰法，以拉、吊的技術來控制球的落點，成為最大特點，也使羽球成為這兩國的國球。

1961年印尼紀念郵票，慶祝男子羽球隊連續獲得「湯姆斯盃」冠軍。
圖片來源：維基百科

世界羽聯國家隊排名

排名	國家
1	中國
2	韓國
3	印尼
4	日本
5	馬來西亞
6	中華台北
7	丹麥
8	泰國
9	印度
10	中國香港

積分截止2024年7月2日止

Q4 世界最高的運動場地在哪裡？

為什麼要跑到那麼高的地方運動？

我猜是世界第一高峰「聖母峰」。

沒錯，聖母峰是最高的天然運動場地哦。

世界最高的山峰、最高的體育中心都在 亞洲 。

我們居住的地球，有將近71%的表面積被水覆蓋，山地、盆地和平原等是少數能「突破重圍」的地形，這些地形中還有許多超過海拔3000公尺以上的高山或高原，因為景色壯麗，令人驚豔，自古以來就吸引許多人想去攀爬、探險、踏勘，領略它們的美。

登山運動不僅能增強心肺功能、加強肌力、肌耐力、鍛練身體平衡協調力，還能磨練意志力、遠離煩惱……尤其是能登上全部位於亞洲，世界海拔高度排名前100的山峰，做到一件連自己都不能想像會成功的事，從中更能獲得無比的成就感與自信心。其中最有成就感的，就屬登上世界排名第一，海拔8848.86公尺的聖母峰，又叫珠穆朗瑪峰，也是尼泊爾人口中的「薩迦瑪塔峰」，或歐洲人所稱的「埃佛勒斯峰」。

1980年冬季攀登聖母峰的波蘭登山隊。
圖片來源：維基百科

地球的第三個極地

聖母峰與南、北極並稱為「世界三極」，全年平均溫度為攝氏零下29度，外形有如一座白雪皚皚的巨型金字塔，在5500公尺的雪線以上，終年積雪，寸草不生。雪線山脊間，還錯落著將近550條冰川，以及罕見的冰塔（冰川消融後殘留的塔狀冰體）。

另外,在高山上,氣壓隨著海拔提高而下降,氧含量隨著海拔上升而降低。此時空氣中的氧氣含量不足以維持身體的正常運轉,會出現急性高山症的症狀,如不停止登山和做出適當的治療,可能引發更嚴重的高山腦水腫及高山肺水腫,導致身體機能出現惡化、意識喪失甚至死亡。

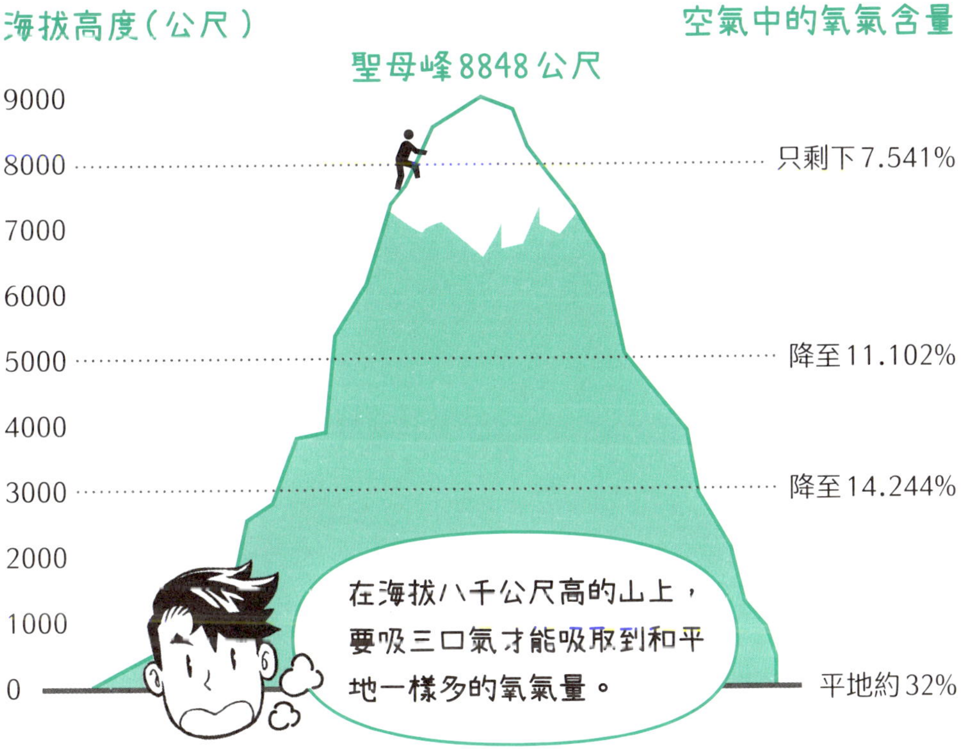

海拔高度(公尺) 　　　　　　　　空氣中的氧氣含量

聖母峰8848公尺

9000
8000 ………………………………………… 只剩下7.541%
7000
6000
5000 ………………………………………… 降至11.102%
4000
3000 ………………………………………… 降至14.244%
2000
1000
0 　　　　　　　　　　　　　　　　　 平地約32%

在海拔八千公尺高的山上,要吸三口氣才能吸取到和平地一樣多的氧氣量。

 高山症是指在高山環境,因為消耗氧氣的速度遠大於氧氣補充的速度,讓人產生心跳加快、呼吸加速、血壓上升、小便次數增多,以及頭痛等情形的症狀。

海拔最高的運動中心

除了登山，在海拔2、3000公尺的高原上運動，也同樣要隨時留意身體狀況。像是在青藏高原上，拉薩市的群眾文化體育中心，海拔為3646.45公尺，外地人初到這裡，也可能產生高山症症狀，如果要運動，一定要等身體適應後再活動。但是對本地人來說，他們的身體早就適應這樣的環境，心肺功能、呼吸系統能正常運作而不會產生不適。不過，本地人平日也需要鍛鍊身體，參加競技活動，因此拉薩市體育局在群眾文化體育中心積極打造的「一月一小賽、一季一大賽、一年一品牌」，舉辦體彩杯足球聯賽、賽馬大會、籃球聯賽……等，就是他們平日的健身活動。

各式各樣的新興運動崛起，木球來自台灣！

　　1990年初，喜歡打高爾夫球的翁明輝，想做一套能在自家花園裡就能揮桿的球具，於是他花了兩年的時間研究，發明了木球。木球的大小，以直徑9.5公分的圓球為標準尺寸，可以一手掌握；球門柱、球桿的桿頭設計靈感則來自於台灣啤酒瓶，將紅酒杯倒掛於球門中間，就能以此辨別木球是否過門。同時，他又設計了木球的遊戲規則：每一個木球場規畫12或12的倍數個球道，依地形設置寬度介於3～10公尺的直線式或彎曲式的球道，每位球員必須賽完第1至第12個球道後，依比賽總桿數多寡判定勝負；或以每一球道打擊桿數低者為勝，12個球道中獲勝球道多者為勝。後來翁明輝研發的木球，受到許多朋友的喜歡，讓翁明輝決定成立組織，推廣木球。

木球場地可以在平坦的草地、泥土地，也能在沙灘上哦！

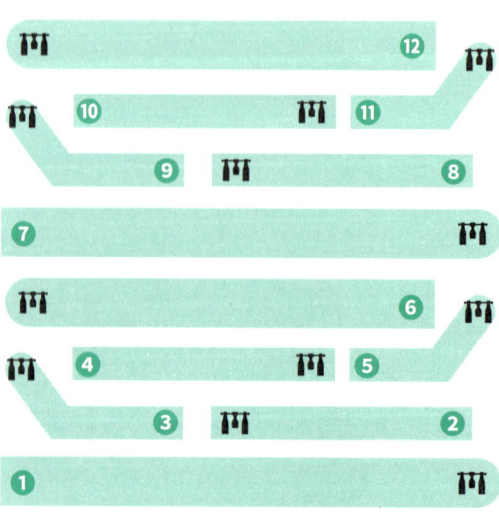

木球比賽場地圖

飛盤取代球的躲避盤

除了木球這樣原創的非傳統體育運動，亞洲還有其他新興運動，例如躲避盤就是日本將躲避球的玩法，加上軟飛盤的設計，而帶起的躲避盤運動。躲避盤運動除了安全性極高，學習門檻也很低，容易上手，身體不須碰撞，特別適合中、小學生作為體育活動。比賽規則類似躲避球，只是球換成軟飛盤，並融入飛盤運動的投擲與飛行技巧。比賽時，每隊出賽選手人數為10名。每場比賽分為上下半場，每半場時間為2～5分鐘。任一支隊伍的內場已經無選手，則該半場結束，比賽全部結束後，合計上下半場的內場選手人數，較多的一方獲勝。

這種軟飛盤比起躲避球不那麼令人害怕了！

翻新古代運動的卡巴迪

還有些是從傳統運動中演變出來運動項目，只是未正式普及於全球。只要具備標準的比賽規則、教練、裁判、技術規範及器材標準，都可以成為一種新興運動。例如類似「老鷹抓小雞」的卡巴迪，起源於南亞，在印度和巴基斯坦十分流行。印度於1950年成立卡巴迪協會，並開始制定相關規則，加以推廣，到了1982年便成為亞洲運動會的表演項目，於1990年成為亞運會正式比賽項目。

卡巴迪比賽時雙方輪流派一名去對方半場進攻，在規定時間內觸摸或摔倒對方，安全返回自己的半場就得分。防守方抓住進攻者也能得分。比賽中得分最多的一方獲勝。

> 台灣也有卡巴迪運動選手喔！台灣在2008年成立中華民國卡巴迪運動協會，推廣卡巴迪運動。女子和男子隊在近年都獲得不錯的成績。女子隊在2023年杭州亞運擊敗卡巴迪傳統強國伊朗，最終獲得銀牌。男子隊也於2023年亞錦賽奪下隊史最好成績的第三名。

Q6 韓國最厲害的運動項目是電競？

這項運動適合我。

那是玩遊戲，不是運動！

電競全名是電子競技，英文是 eSports，代表它被視為一種運動！

韓國是最先發展電競產業的亞洲國家，現在是世界電競強國之一。

韓國的確是全球電競強國之一，也有多項運動很優秀。

韓國是第一個正視電競產業的國家，從推動大型遊戲機台、掌機、電子遊戲家用機、電腦的單機遊戲、線上遊戲，到手機遊戲，韓國政府都下了非常多的功夫。早在1997年，亞洲一些國家發生了嚴重的經濟問題，就是著名的亞洲金融風暴，韓國也是其中受影響的國家之一。韓國政府為了擺脫經濟困境，便刻意扶植資訊科技產業，積極打造網路環境，電競產業因此順勢崛起。2000年創立「韓國電競協會」，開始有計畫的推廣與規範電競活動，並且鼓勵一般大眾玩電子遊戲，進而鞏固電競在各個領域的商業地位，讓電競產業成為全民運動。

電競冠軍帶動遊戲風潮

因為起步早，韓國不僅製作無數聞名全球的電競遊戲，像是《楓之谷》、《天堂》、《跑跑卡丁車》等，也擁有眾多世界級選手，雖然1972年，最早的電競比賽《太空大戰》系列，韓國來不及參與，後來遇上全球最暢銷的線上遊戲之一的《星海爭霸》上市，韓國職業電競選手便積極參與職業遊戲聯賽，並成為了世界冠軍，讓韓國的電競產業往前跨了一大步。

到了2009年，《英雄聯盟》（LoL）出現，韓國更培養出洪珉綺（MadLife）、李相赫（Faker）等明星選手，為韓國遊戲產業創造出全新盛況。美國CNN報導甚至封Faker為「英雄聯盟之神」，不過Faker的

成功並非憑空而來，在接受媒體採訪時表示，他將80%醒著的時間都花在思考比賽上。

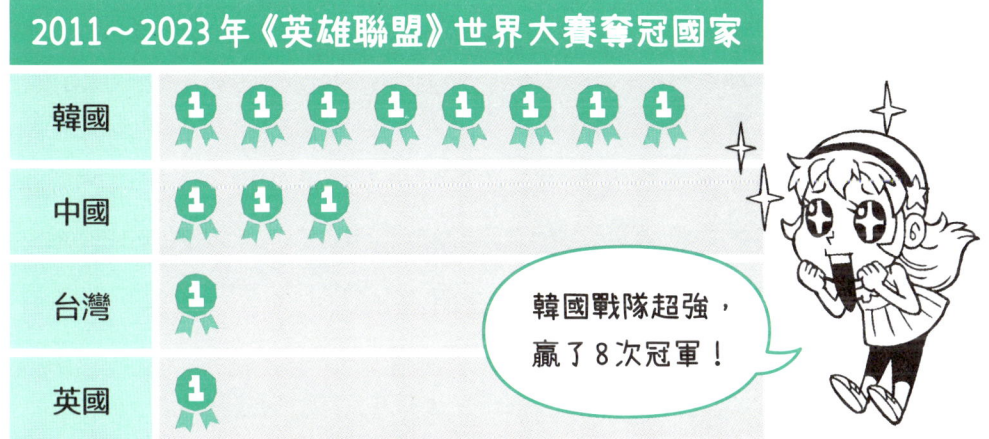

電競是不同類型的運動

乍看之下，電競似乎不像是傳統體育，但它透過手和眼的協調能力、頭腦的反應與思考能力來進行比賽，精神及身體也都備受挑戰，而且除了一般遊戲時的反射神經與操作技巧，電競也考驗選手及後勤的合作與戰術運用。

由此可知，電競也可歸類為一種運動，因為運動不只是體力消耗的活動，技巧、競賽及娛樂性也是運動的一部分，只是身體的參與程度有所不同。就像是以身體性為主的田徑，強調機動性為主的賽車、賽艇，由動物協助的馬術，講究協調性的撞球，甚至運用心智的各種棋類也都是運動競賽。

多元的體育運動

2017年，國際奧委會同意將電競視為「體育運動」，2019年東南亞運動會以及2022年杭州亞運中，電競正式成為比賽項目，這兩屆運動慶典也因此格外受到矚目。

除了電競賽，目前國際奧委會認定，只要符合公平、競技、遊戲等元素的項目，都有可能被認定為運動，例如西洋棋、圍棋也被視為運動項目。雖然目前這些多靠腦力取勝的運動，還未在奧運上現身，但也許不久的將來，會成為奧運會的競賽項目。

Q7
日本舉辦奧運時，相撲可以列為項目嗎？

可以吧，這運動太有趣了。

可是，全世界又不是很多人知道怎麼進行相撲……

舉辦奧運的城市可以提議新增運動項目，但必須經過國際奧委會同意才行。

奧運主辦城市可以建議增加比賽項目，但不一定通過！

　　原定2020年要在東京舉辦的第32屆奧林匹克運動會，因為新冠疫情，最後延期至2021年7月23日才正式舉行。正式舉行前，簡稱東京奧組委的第32屆奧林匹克運動會組織委員會有很多工作要準備，而且早在2015年就開始著手規劃，像是這一屆共有26個項目要增減，必須提前討論，東京奧組委希望增加的運動項目是年輕人中廣受歡迎、能推動東京奧運會的舉行，符合國際奧會的標準，另外無需新建場館⋯⋯等，像是古老的奧運項目拔河、已經退出奧運會的棒壘球、極具日本本土特色的相撲，都被提出討論。當時被討論最多的，就屬相撲了，因為就算是在日本國內，特別是在東京以外，想要親臨觀賞這項古老的日本運動也不是那麼容易。

相撲項目闖關失敗

為了讓各國的選手和媒體認識相撲這項運動，東京奧組委亟欲讓相撲在運動場上亮相，但可惜的是，相撲在增減項目的第一階段遴選就被刷了下來。最後東京奧組委和日本相撲協會，選擇在東京奧運期間舉辦一場「相撲大賽」，藉著奧運的大好機會，將相撲推向全世界。

日本限定的相撲比賽

　　一般人若不懂相撲賽規則，就如霧裡看花，只會看到體型龐大且強壯的力士，捉住彼此搏鬥，但不知道力士在比拚什麼，要如何判斷輸贏。專業相撲稱為大相撲，是有一套嚴謹的規則。職業的相撲力士有六個等級，以他們在大相撲賽中的戰果來升階或降階。比賽時，兩方力士會站上稱為土俵的圓形黏土擂台中，迫使對手失去平衡，踏到土俵外來贏得比賽。此外，力士除了腳掌以外，身體的某一部分先觸地的一方，以及腰帶被對方拉下，或重要部位被看到的一方，也會被裁判判定為輸。比賽不計時間，有些比賽會持續好幾分鐘，有時幾秒內就能定出勝負。

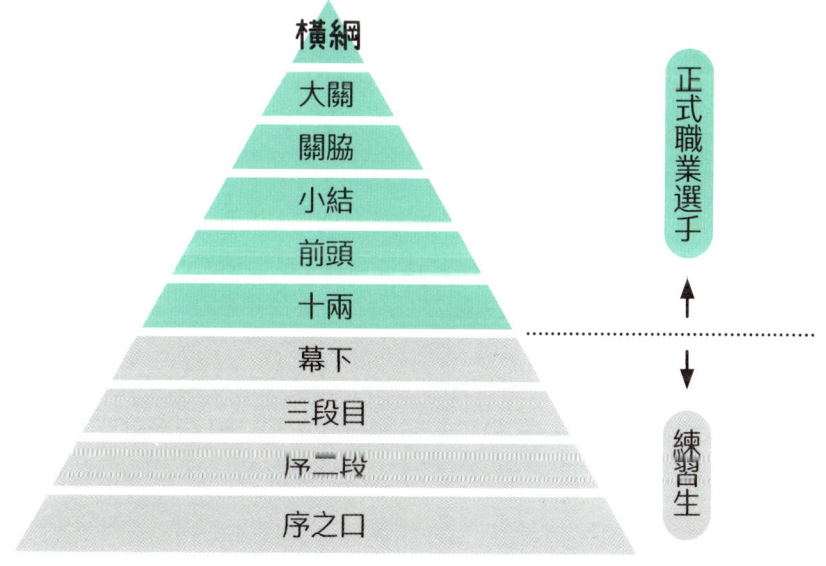

相撲力士的等級

每屆奧運比賽項目都不同

奧運會從1896年開始，至今已超過百年，為了讓比賽項目能與時俱進，不僅有古老的運動——體操、田徑，也不斷有新項目加入。不過奧運項目並不是隨心所欲就能增減的，必須經過國際奧委會認可，而且這些項目通常也不能是當時主辦城市獨強的項目。此外，舉辦城市還能增列1至3個非奧運會項目，成為當屆奧運會的表演項目。因此每屆奧運會的比賽項目和表演項目都有增刪，不是一成不變的喔！

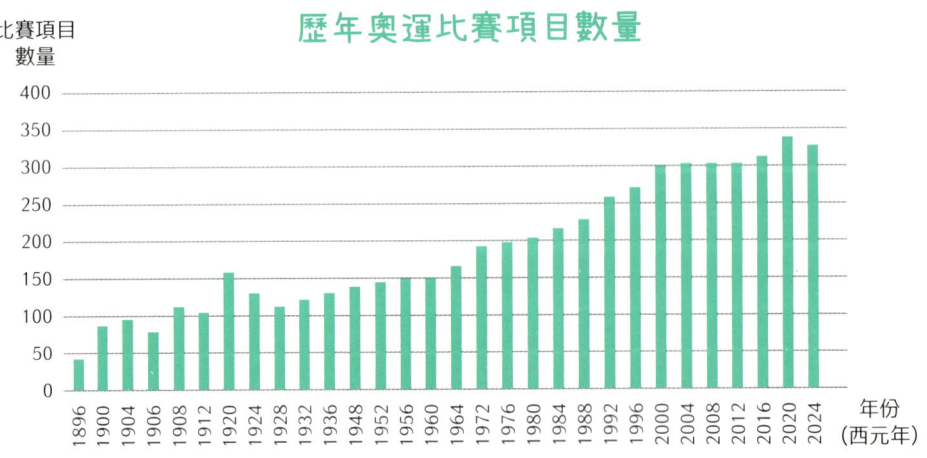

歷年奧運比賽項目數量

2024年巴黎奧運會，霹靂舞首次成為比賽項目。比賽時每輪一對一對戰，經由評審團投票，得票高者優勝並晉級到下一輪比賽。參賽者必須現場跟著DJ播放的曲目進行即興創作，相當有看頭！

美洲

Q8 北美洲、中南美洲盛行的運動大不相同？

> 大家都喜歡足球吧！

> 美國流行的是美式足球，不是一般的足球啦。

> 中美洲和南美洲文化上比較相近，稱為拉丁美洲，和北美洲有許多不同。美式足球僅在北美洲的美國流行。

北美洲
美國

中美洲

南美洲

拉丁美洲

語言不同、文化差異，讓人喜愛的運動會不一樣。

　　美洲位於西半球，相對於亞洲、歐洲來說，美洲是塊「新大陸」，原有的人口數量不多，靠著大量的移民，才使美洲能擁有今日占全球人口總數的13.5%，大約10.5億的居民。美洲是個民族大熔爐，根據文化、歷史等因素，我們又可以將美洲大致分為說英語、法語的北美洲，和遍布中美洲與南美洲，說西班牙語、葡萄牙語以及法語的拉丁美洲。美洲人深受地理環境和移民原有的語言、文化影響，北美洲和拉丁美洲人的生活習慣不太一樣，甚至連盛行的運動都不相同。

美國瘋美式足球，加拿大愛冰球

　　在美洲，美國、加拿大是面積最大且有較大影響力的國家，早期移民主要來自英國、法國，人們喜歡觀看或參與能展現團體精神的運動，像是棒球、籃球、美式足球（又稱美式橄欖球）、冰上曲棍球（簡稱冰球）。

　　在美國最流行的運動是美式足球，玩法是從英式橄欖球演變而來的，美式足球賽的觀眾場場座無虛席，無論是例行賽有6萬7千多人，或是季後賽平均每場破7萬人，都遙遙領先其他運動項目。美式足球比賽中無論進攻或防守，肢體衝撞、推拉，都到了極端劇烈的程度，它反映出美國文化中的冒險精神，也是美國國民娛樂，或週末在螢幕前消磨時間的重要節目。

靠近北極圈的北美北部，冬季時氣溫極低且有大量冰面形成，便成了冰上曲棍球的最佳場地。人們將其視為閒暇時的遊戲和消遣，深受各個年齡層的人歡迎。

> 冰球打的其實不是球，而是圓盤，由於冰面場地太過光滑，球是橡膠材質的圓盤，可增加摩擦阻力，這樣冰球員才能在冰上控球。

拉丁美洲人人愛足球

在拉丁美洲喜好的運動則呈現出另一種風情。拉丁美洲的歐洲各國移民，和當地原住民混雜著生活在一起，沒有嚴密的組織，形成了一種開朗、熱情，充滿野性美的拉丁文化，他們喜歡有空地隨時可以踢的足球，或是掛著一張網就能打的排球。

足球是拉丁美洲的國民運動，每個小孩幾乎都踢得上幾腳，它是使無數來自貧民窟的孩子，改變命運的運動；大人觀看足球賽，則欣賞球員華麗的盤球、精采的過人技巧、角度刁鑽的自由球，就像是看到一場完美的演出。

> 隨時隨地踢足球，我也可以變厲害。

增進友誼的排球運動

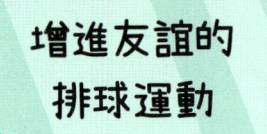

拉丁美洲人也愛排球運動，排球賽對他們而言不僅僅是一場競技，更是促進彼此交流和友誼的平台。

在美墨邊境的小鎮，墨西哥提華納與美國聖地牙哥兩地，隔著邊境圍欄無法往來，但自1979年起，他們卻舉行了多次的另類排球友誼賽。他們將柵欄當成球網，將球托來托去，除了不能換場外，其他全遵照正式比賽規則，在這裡沒有區分的界線，只有純粹喜愛打排球的人。

14 – 11

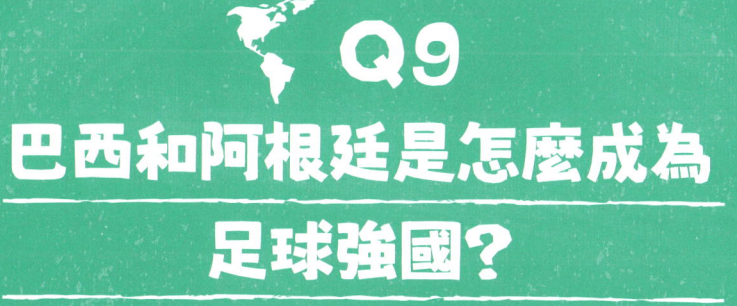

Q9 巴西和阿根廷是怎麼成為足球強國？

「巴西和阿根廷的球衣上有星星耶。」

「我知道，那是冠軍星章！」

「這是得過世界盃冠軍的球隊才能擁有的勳章。巴西得過5次，阿根廷得過3次！」

明星足球員帶領國家球隊闖進世界球壇。

　　位於南美洲的巴西和阿根廷，無疑是歐洲國家之外，最強勁的足球隊伍。巴西是目前奪得最多世界盃（5次）的足球隊，阿根廷則進入過6次世界盃決賽。兩國都在1930年代的世界盃足球賽嶄露頭角。阿根廷在1930年首次進入世界盃就取得亞軍，1978年，擊敗兩屆都打入決賽的荷蘭，奪得世界盃冠軍。長久以來，兩國在世界盃的戰績雖時有起伏，但新舊球員經過一段時間整合後，仍是實力不容小覷的足球強國。

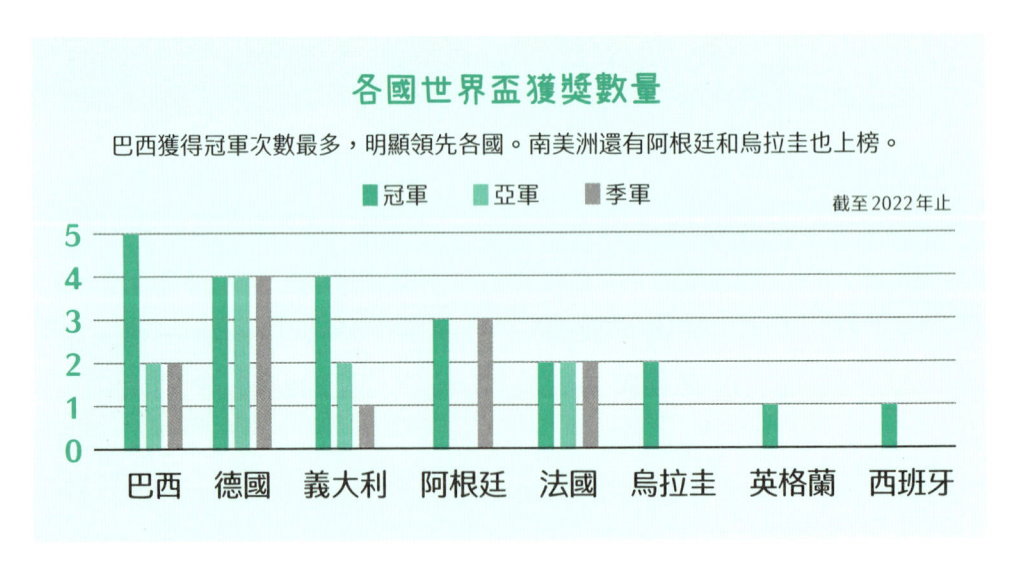

各國世界盃獲獎數量

巴西獲得冠軍次數最多，明顯領先各國。南美洲還有阿根廷和烏拉圭也上榜。

■冠軍　■亞軍　■季軍　　　　截至2022年止

國家	冠軍	亞軍	季軍
巴西	5	2	2
德國	4	4	4
義大利	4	2	1
阿根廷	3	3	0
法國	2	2	2
烏拉圭	2	0	0
英格蘭	1	0	0
西班牙	1	0	0

阿根廷球星人氣勝過總統

　　足球對巴西和阿根廷人而言，不只是主流運動，更是凝聚全國人心的民族象徵。巴西和阿根廷在還沒有形成國家前，就被殖民霸主西班牙和

葡萄牙瓜分，阿根廷分給西班牙，巴西劃給葡萄牙，受到殖民母國不同政策的影響，兩國的足球發展之路，與身分認同有關，走得並不一樣。

阿根廷長期被西班牙殖民統治，引入大量歐洲移民，只要是非白人的混血兒，就會被貼上有色人種的標籤。足球也是這樣，白人才能加入足球隊，混血人種是不受歡迎的。這道藩籬直到非白人的馬拉度納出現才被打破，他帶領阿根廷足球隊闖入各項國際賽事，1986年更獲得世界盃冠軍，讓他的聲譽更勝於當時的總統！

1986年阿根廷獲得世界盃冠軍，馬拉度納高舉大力神盃。圖片來源：維基百科

不只是喜愛，而是狂熱

阿根廷人對足球的狂熱，就像2022年阿根廷國家足球隊球衣的廣告標語一樣：「一個國家的情感全部凝聚在這件球衣上」。90%的阿根廷人隨口就能說出自己喜愛或支持的球隊。全國可容量兩萬名觀眾以上的足球場有40多座，同時他們也是向全球輸出球員和教練的第二大供應國，而這項紀錄的冠軍則是它的鄰國巴西。

巴西誕生眾多足球巨星

與阿根廷相較，說葡語的巴西人，雖然也引入歐洲移民，但現在的巴西人絕大多數是混血人種。在巴西，足球剛開始只是白人和上流社會

極少數人的娛樂，隨著時間推移，逐漸變成工人們的休閒活動。隨著混血球員出色的表現，讓人不得不重視他們的「存在」。

例如1930年，費蒂索帶領巴西隊獲得世界盃足球賽的參賽資格，被國際體育媒體封為「足球皇帝」。現在巴西家喻戶曉，被譽為足球精靈的羅納迪諾，或傳奇球王比利都不是純種白人，巴西的混血球員終於走出自己的路。現在足球成為巴西的全民運動，與狂歡節、咖啡並列為最能代表巴西的國家形象。

球王比利是唯一奪得3次世界盃冠軍的球員。　圖片來源：維基百科

足球讓巴西和阿根廷發光

儘管阿根廷或巴西在身分認同上有所差異，但他們對足球的重視都一樣。兩國都有嚴重的貧富差距，足球是人們脫離貧窮的最佳選擇，如果有足夠實力，並且夠幸運的話，還能像阿根廷的梅西或巴西的內馬爾，前往歐洲打天下，揚名立萬。對於國家而言，足球也是經濟較弱的阿根廷和巴西，能夠和其他世界各國平起平坐、相互競爭的舞台。

Q10 北美最受歡迎的職業聯盟運動有哪些？

我猜棒球，我爸最愛看美國職棒的比賽轉播。

美式足球的超級盃也超級受歡迎！

說到聯賽，一定少不了美國NBA。

還有冰上曲棍球，這四項職業運動在世界各地都擁有眾多球迷。

棒球、美式足球、籃球、冰上曲棍球，全世界最吸金的四大職業運動。

棒球是美國國球，為最受美國民眾歡迎的運動之一，也是美國發展最早的職業運動。它的發展起步甚早，在1870年代成立的國家聯盟，便提供了讓觀眾付錢購買賽事門票，看棒球球員比賽的機制。球隊有了門票收入，就能提供球員穩定的工作機會與薪水，讓棒球運動逐漸形成職業。由於草創時期，國家聯盟很多事情處理得不夠周全，後來產生不少問題，便與於1901年成立的美國聯盟協議，承認彼此在美國職業棒球的對等地位，從此美國的棒球職業運動就有了統一的賽制、規則和管理，這就是美國職棒大聯盟（MLB）的由來。

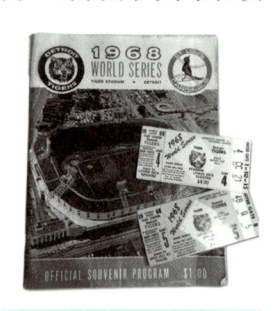

1968年棒球總決賽的節目單和門票。
圖片來源：維基百科

大聯盟之下還有小聯盟

目前國家聯盟和美國聯盟各有15隊，共同組成擁有30支球隊的美國職棒大聯盟，每年3月底至11月初是大聯盟的球季。大聯盟不只吸引美國本土球員競相參與，也引來全世界的棒球好手參與。每支大聯盟球隊旗下還設置了小聯盟球隊，讓年輕球員、受傷或下放的大聯盟球員，可以有培養、訓練、復健和比賽的機會。

四大熱門職業運動

除了棒球外,北美地區發展歷史最悠久、也最具有集客能力,及獲益能力的,還有美式足球、籃球、冰上曲棍球,被稱為「四大職業運動」;尤其有「超級盃」加持的美式足球,獲得北美民眾過半的支持。這四大職業運動也是全世界所有運動中,最為富有的職業團隊競賽,也使得它們受到許多其他國家的愛好者關注。超級盃球迷觀看的不只是比賽中頂尖運動員的對決,連30分鐘的中場休息也有看頭,有15分鐘當紅巨星的中場秀表演,延續場上的熱度也成為特色。

四大職業運動	創立時間	隊伍數量	總決賽名稱／賽制
美國職棒大聯盟 MLB	1903年	30支球隊（含1支加拿大隊伍）	世界大賽 7戰4勝制
國家籃球協會 NBA	1946年	30支球隊（含1支加拿大隊伍）	總冠軍 7戰4勝制
國家美式足球聯盟 NFL	1920年	32支球隊	超級盃 1戰決勝負
國家冰球聯盟 NHL	1917年	32支球隊（含7支加拿大隊伍）	史坦利盃 7戰4勝制

職業運動帶動流行時尚

美國職棒大聯盟能夠長期發展，最重要的原因是它將運動組織有關的人力、事務、制度……等，轉變成商業活動來獲取利潤。過去大聯盟最重要的收益是門票銷售，不過現在它的營利早已不只是門票而已，美國人的日常生活、休閒活動、收視習慣，甚至美式流行時尚都可以看到美國職棒大聯盟的影子，大聯盟靠著這些影響力便能獲取收益。像是台灣收視頻道未來10年，想要轉播大聯盟的賽事，就要花51億美金（相當於1586億新台幣）給大聯盟。棒球球員也因此受惠，例如大谷翔平個人的收入，不只是賽事收益，還有數不完的商業代言，影響力甚至超過自身球隊，他在球場上穿的隊服與圖騰、配飾，與平常穿搭，靠著媒體曝光，就能影響萬千球迷買單。

你要去打棒球嗎？

這是明星球員代言的棒球帽，戴上就是時尚！

Q11
全世界最難的運動是什麼？

我……準備要去極地挑戰極限運動。

你這樣還沒挑戰，就生病了！

極限運動相當危險，除了需要體能、技巧，隨時會有失去生命的可能，不能輕易嘗試！

各種**極限運動**，挑戰人類的不可能。

加拿大的西北方有片荒野，稱為加拿大育空地區，是北極圈的一部分，氣候乾燥，冬季漫長，四周是廣闊的山巒，杳無人煙，有80%的疆域仍未有人類涉足，在這裡如果受傷了，別說是找醫生，連找個幫手救助也很困難啊！但是這裡居然要舉行「700公里極地橫越賽」，這意味著參賽者不只是比賽700公里的路程而已，還要在平均攝氏零下40度，拖著約40公斤的食物和裝備；在賽程限時的312小時，一共13天，一切得要自理。這場比賽不只是磨練參賽者的心靈，也考驗他的身體是否具有抵擋低溫的能力，是全球難度最高、溫度最低的極地賽。

越危險的運動，越有人要挑戰

這麼辛苦又危險的比賽，竟然還有人要參加？沒錯！無論是超級馬拉松，或是極限賽跑，都會使人精疲力竭，甚至一不留意，就有可能發生致命的危險，但還是有不少人樂此不疲。像這種追求速度極致，危險性高，考驗體能極限的運動，就叫做極限運動，而且項目還不少，像是跑酷、極限直排輪、攀岩、衝浪、花式滑板、滑翔、賽車、越野摩托車……等，而且項目和花樣還不斷推陳出新。

飛鼠裝滑翔運動。
圖片來源：維基百科

最冷的極限耐力賽

育空極地橫越賽有三種比賽形式：自行車、越野滑雪和徒步，距離也分三組：160公里、482公里和700公里，其中最艱困的就是700公里徒步。

育空特區位置圖

終點／道森
完成700公里！

阿拉斯加　加拿大

482公里

160公里

沿途有9個檢查站，選手必須完成簽到任務。

比賽路線圖

起點／白馬

城市裡的極限挑戰

另外再介紹一項極限運動——跑酷，因為《暴力特區》、《企業戰士》電影中的跑酷演出，而成為了時下年輕族群最愛的運動之一。跑酷是一種僅依靠身體四肢在環境中運動，來提升身心能力的體能訓練。例如常在媒體上出現，從樓房上躍下就是跑酷的經典動作之一，但這很可能一失足成千古恨！媒體就曾報導，俄羅斯有跑酷者在樓頂邊緣為了完成後空翻，不慎從16樓樓頂墜下身亡的消息。雖然極限運動的速度與激情有其迷人之處，但若想體驗，一定要恪守安全規範，並認真做好行前準備。

> 這是跑酷基本動作金剛撐越……

Q12
夏威夷的每個人都會衝浪？

有海岸就能衝浪！

你先學會怎麼在衝浪板上站穩吧！

不是所有海岸都適合衝浪。像以衝浪聞名的夏威夷，和它的氣候、地形環境和海浪情況都有關喔。

衝浪不只是運動，還是**夏威夷的日常生活**。

夏威夷群島位於太平洋，全年氣溫變化不大，只有兩個季節，5～10月的夏季，11～4月的冬季。島嶼周邊的水溫平均攝氏23～27度。因為島嶼海岸地形不同，以及季節變化，就產生出不同的湧浪，通常夏季的海浪較為溫和，冬季因為風暴，就會產生強勁的大浪。過去，島上的原住民波利尼西亞人，幾乎每天都會「踏浪而行」，對他們來說，這不僅是休閒活動，更是他們每天生活中的一種「儀式」。

人人都會衝浪的王國

在西方人還沒有發現這裡之前，原住民過著與世無爭的日子，並建立了一個夏威夷王國。王國中人人都會衝浪，他們靠著衝浪板踏浪而行，不過不是真的走在海浪上，而是找到有浪的地方，先俯臥或坐在衝浪板上等待，當合適的海浪逐漸靠近的時候，再俯臥在衝浪板上，靠著海浪推動，順著海浪的方向划水，調整好板頭方向，再起身站立，運用身體重心控制衝浪板的走向。熱愛衝浪的夏威夷原住民，早已將衝浪融入到他們每天的生活中，所以當地有衝浪神廟、衝浪神、衝浪比賽和針對比賽結果下注的圍觀群眾，也就不足為奇了。

1858年描繪夏威夷原住民衝浪的情形。　圖片來源：維基百科

衝浪成為職業運動

　　被西方人發現夏威夷群島之後，這裡開始變得很不一樣。1840年後，美國與日本移民、商人及投資客在島上的數量越來越多，到了1898年，夏威夷被併入美國。美國人來到這裡，見到原住民的衝浪運動覺得有趣，便組成俱樂部，並大力倡導衝浪運動，同時發明更穩定好用的空心衝浪板，後來又運用輕便的玻璃纖維、保麗龍代替木材製作衝浪板，大大降低了衝浪的門檻，這就是現代衝浪運動的開始。1964年，第一屆ISA世界衝浪錦標賽成功的跨出夏威夷，在澳洲舉行，從此衝浪運動開始普及於世界各地。

> 目前有個新興的極限運動——單板滑雪，也是利用一塊板子在雪地裡滑行，不同的是雪板邊緣有銳利的鋼邊，像刀刃能切入雪面，讓滑行者能在雪地站立和滑行。

衝浪也難不倒我！

找出適合衝浪的海浪

想學衝浪，第一要務就是先找到有浪的地方，像是夏威夷、哥斯大黎加、峇里島和南加州，或是在南太平洋的法國屬地——大溪地。接著還要了解衝浪地點的波浪，分辨波浪來自哪個方向，還要學會看氣象報告和潮汐狀況，利用浪高及波浪週期來找出這個地點何時會「興風作浪」。

波浪週期是一個波長通過相同位置所需要的時間，而波長是指兩個波峰或波谷的距離，如下圖中波峰從 A 點到 B 點的時間。週期短代表浪小又溫和，週期長表示浪長又有力。多數衝浪點以 8～13 秒的波浪週期較適合衝浪。

波高（浪高）是指波峰和波谷的水位高低差。1 公尺高以下適合新手練習，1～3 公尺高適合衝浪好手，超過 3 公尺高則相當危險，不建議下水。

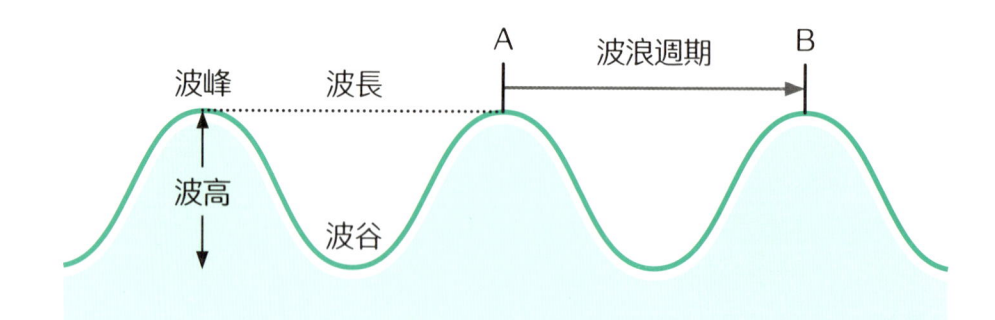

Q13
為什麼要在沙灘上打排球？

居然有人在這玩排球！

愛打排球的人，到哪都會想辦法吧！

沒錯，除了室內球場，沙灘、雪地都能打排球喔！

排球不受限制，沙灘、雪地，照樣能打！

　　沙灘排球起源於1920年代的美國加州聖莫尼卡海灘，此處位於太平洋沿岸，每年有超過300個豔陽天，還有美國西岸最美的日落景點，許多好萊塢電影都會來這裡取景。有了媒體的宣傳，沙灘排球不到10年的時間，就流傳到歐洲。1940年代，聖莫尼卡每年都會舉辦兩場正式比賽，成為當地盛事，並吸引世界各地好手前來參加。到了1992年，巴塞隆納奧運會時，沙灘排球成為表演項目，至1996年的亞特蘭大奧運會時，成為正式比賽項目。

沙灘排球員不能換人，得從頭打到尾

　　沙灘排球與排球規則相似，只是比賽地點在室外天然的沙灘或者人工鋪設的沙坑，球場較小，邊長為8公尺×16公尺。採3局2勝制，先取得2局勝利者就勝出。雙方隔著排球網分立場地兩側，每方只能派兩名球員上場，而且沒有替補球員可輪替。另外，比賽時只能以拍擊方式擊球，不允許用手指吊球的虛攻。

為了防水，沙灘排球的比賽用球與排球使用的材質不同，雖然大小差不多，但打入球體內的氣體卻少了30%，與排球相比，沙灘排球較軟，球的移動速度也較慢。

球員穿得少，受傷就少

若直觀沙灘排球與室內排球，最明顯的差異，就是沙灘排球賽的球員服裝總是非常清涼，尤其是女性球員，幾乎都身穿布料極少的比基尼就上場打球。在奧運等國際賽的規則中，其實都沒有任何規定，女性球員一定要穿比基尼，甚至因為宗教因素，有些地區的女性球員必須戴頭巾穿緊身衣。女性球員做這樣的打扮，是因為細沙容易跑進衣服內造成擦傷，衣料覆蓋身體的面積越少，越不容易受傷。

2024巴黎奧運沙灘排球場在艾菲爾鐵塔旁，沙子是來自100公里外的砂石場。2020東京奧運甚至從越南運沙過來。

比賽場地用的沙子很講究，顆粒大小、形狀、顏色、氣味都有嚴格規定！

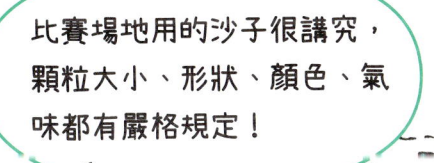

冬天就換打雪地排球

除了在沙灘上打排球，在雪地裡也可以打排球。這是發源於奧地利的運動，它是沙灘排球的變體運動，大部分規則與沙灘排球無異，但有少部分不同。比賽場地雖然大小相同，但從沙子換成了平整的積雪，且至少須30公分深。

與沙灘排球最主要的不同是人數上的改變，為了延長雙方對戰時間，增加可看性，雪地排球每隊有3名球員上場和1名替補球員。在三次回擊的擊球次數限制下，攔網球員觸球也不會像沙灘排球一樣，算成一次擊球，使進攻手段增加，球賽也更刺激。有不少奧地利球員一年中有多數時間都在沙灘上打排球，最後幾個星期才轉換到雪地上，因為這兩種排球打起來差異不大，殺起球來，一樣熱血有勁。

Q14
在沙灘上可以踢足球？

穿足球鞋不能在沙灘踢球吧？

為什麼要跑到沙灘踢球呢？

在沙灘也能踢足球，代表球技更厲害呢！

愛踢足球的巴西人發明了沙灘足球，可見在沙灘踢球難不倒他們！

巴西人愛踢足球，沙灘也不放過！

對平常人來說，在沙灘上光腳踢足球是難度很高的運動，沙子會產生阻力，比在草地上奔跑，身體需要更多的穩定性、速度和力量；要在沙灘上盤球，把球往前推進，或者防止對方球員攔截，那更是困難，沙子會阻止球自由移動，要非常專注才能盤好球。但是這對於把足球視為國民運動的巴西人來說，如果能在沙灘上把足球踢好，更能證明個人的足球技術和控球能力高超。

沙灘足球不只是遊戲

據說在1950年代，巴西里約熱內盧的一處海灘上，一群年輕人發起了小型的海灘足球比賽，沒想到吸引了許多人參與，最後竟然發展成高度競技性的體育運動。二十多年後，整個拉丁美洲都為之瘋狂，甚至傳到歐洲也同樣受到歡迎。到了1993年，喜愛沙灘足球的人們成立了世界沙灘足球協會，並制定統一的比賽規則，成為正式的體育比賽項目並加以推廣，歐洲更率先舉行職業沙灘足球聯賽，吸引了不少現役和退休球星參與，是發展最快的職業競技運動之一。

比起正規足球賽的浩大場面，沙灘足球賽只能算是小而美的配置：標準沙灘足球場長37公尺，寬28公尺；每隊由4名球員加1名守門員組成。每場比賽分3小節，每小節12分鐘。

節奏快速的對戰

沙灘排球最吸引人的地方,是比賽節奏非常快速,由於場地不大,球員幾乎無時無刻都要短兵相接,無法像傳統足球賽那樣,將球員部署在球場上,擺出各種進攻或防守陣式。沙灘足球的戰術運用相對簡單,大多靠球員們自身的技巧,例如挑起足球做抽射等高難度動作來進行攻擊。因此隨時都可能爆冷門,讓觀眾看得目不轉睛,深怕錯過任何扭轉賽局的細節。

誰最會踢沙灘足球?

沙灘足球世界錦標賽和世界盃至今舉辦過22屆賽事,巴西獲獎次數最多,是沙灘足球的霸主。

國家	次數
巴西	15
俄羅斯	3
葡萄牙	3
法國	1

我要去沙灘踢足球,就能像巴西人一樣厲害!

足球場上的號誌燈

足球賽的球員是否犯規，看裁判手上舉的牌就能一目了然。傳統足球賽的裁判會舉紅牌和黃牌示警，沙灘足球的裁判除了會舉紅牌、黃牌，還會舉藍牌。傳統足球賽的球員收到不同顏色的牌，代表的意義如下：

紅牌 這名球員發生嚴重犯規或多次犯規，必須離場，不能繼續參加剩下的比賽，球隊也不能用替補球員補人。

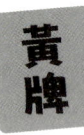

黃牌 這名球員犯規，被裁判列入「留下查看」的名單，屬於「記名警告」，裁判會將犯規詳情，記錄在隨身的小記事簿裡。若是同一個球員再收到第二張黃牌時，裁判會先出示第二張黃牌，再出示紅牌，接下來就按照紅牌的處罰，請這名球員離場。

> 沙灘足球的第二次警告是藍牌，球員要離場2分鐘，才能再進場比賽。

紅牌、黃牌是一位英國足球裁判從交通號誌的黃燈和紅燈得到靈感，比賽時如果有球員犯規，高舉紅牌和黃牌可以馬上讓球員知道懲罰判定，也不會因為語言不通而無法傳達。

Q15 踢足球竟然踢到兩國戰爭？

薩爾瓦多

宏都拉斯

這是發生在中美洲的戰爭，原本兩國關係就不好，足球比賽成了導火線。

宏都拉斯、薩爾瓦多踢完足球賽，馬上開戰100小時！

　　薩爾瓦多與宏都拉斯相鄰，但是兩國關係不好，邊境總是衝突不斷。1969年為了隔年即將舉辦的世界盃足球賽，開始進行北美、中美洲地區的小組賽，兩國剛好分在同一組，比賽期間衝突不斷，三場賽後更引爆兩國戰爭，導致宏都拉斯死了兩千多人，國土嚴重受損，薩爾瓦多也因為戰爭，變得貧窮困頓，最後引發國家內戰。

場次	地點	衝突情形	結果
第一場	宏都拉斯首都，德古西加巴	薩爾瓦多球隊被宏都拉斯球迷以放鞭炮、丟石頭干擾睡眠。	宏都拉斯以1：0擊敗薩爾瓦多，使薩國球迷懷恨在心。
第二場	薩爾瓦多首都，聖薩爾瓦多	宏都拉斯球隊在賽前受到薩爾瓦多人干擾，不得好眠。	薩爾瓦多以3：0擊敗宏都拉斯。宏國球迷不服，在場外鬥毆、火燒車。 兩國邊境全面關閉，雙方關係降到冰點。
第三場	墨西哥首都，墨西哥城	墨西哥派上千名警力將雙方球迷隔開，使比賽得以進行。	薩爾瓦多以3：2擊敗宏都拉斯，闖入世界盃。 比賽一完，兩國馬上斷交，發生戰爭。

看足球也會耍流氓

其實歷史上像這樣無法接受比賽結果而鬧事的球迷很多，有記載的可以追溯到中世紀的英格蘭農村，當時「足球」是一種地方的節慶儀式，人們會用牲畜膀胱充氣做成「皮球」，來踢皮球比賽。但是比賽充滿暴力，如果平常看對方不順眼，就可藉比賽挾怨報復，甚至演變成鄰里械鬥。這就是英格蘭「足球流氓」的開端。

等到現代足球興起之後，英格蘭球迷的流氓習慣並未改變，他們常常會透過不斷「怒吼」來攻擊對方的球迷、球員，甚至是裁判，有時還會引發大規模的暴力流血衝突。這樣的足球流氓並不是英格蘭獨有，只是最早在英格蘭發現並被報導。而且賽事不論大小，只要不如足球流氓的意，就會群起鬧事。例如1986年世界盃，英格蘭 vs. 阿根廷；2006年世界盃，葡萄牙 vs. 荷蘭；2013年世界盃預選賽，塞爾維亞 vs. 克羅埃西亞等的比賽，都曾經發生過雙方球迷衝突。

鬧事的都該驅逐出場！

帶來和平的足球賽

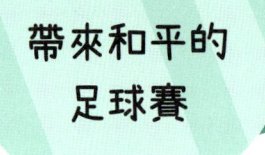

足球雖然可能會引發戰火,但足球也曾經成為戰爭時的休止符。第一次世界大戰期間的聖誕節,戰場上,因為一顆不知從哪裡來的足球,英、德士兵爬出各自戰壕,在無人地區踢了一場百人參與的友誼足球賽。雖然足球最終沒有停止殺戮,但卻使戰場上的士兵換得一刻難得的和平。

Q16 歐洲最受歡迎的運動是什麼?

歐洲

歐洲有很多國家，喜歡的會一樣嗎？

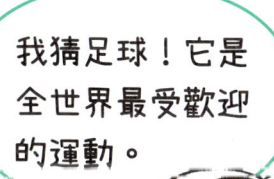

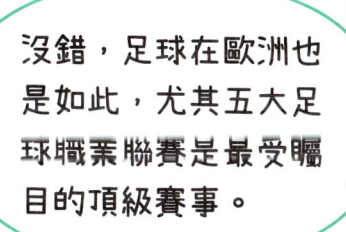

我猜足球！它是全世界最受歡迎的運動。

沒錯，足球在歐洲也是如此，尤其五大足球職業聯賽是最受矚目的頂級賽事。

五大足球職業聯賽，
歐洲最受歡迎的體育賽事。

歐洲是世界人口第三多的洲。歐洲人因為居住環境，所用的語言不同，再加上歐洲各地與亞洲各民族混血，逐漸形成不同的文化、政治、宗教與50個國家。為了歐洲民族間的團結與和諧，歐洲人歷經四十多年的努力，創立了跨國合作組織——歐洲聯盟，但還是有很多歐洲國家至今沒有加入；歐洲雖有歐元作為共同貨幣，不過仍有部分國家，歐元和本國貨幣同時並用。可見歐洲人的意見非常多元，難有共識，還好，他們都愛足球，讓歐洲人可以拋棄歧見，志同道合。

現代足球誕生

足球文化在歐洲由來已久，經過幾百年的洗禮，已經滲入歐洲人的血液中。自16世紀後，足球遊戲就已經在歐洲一些國家盛行起來，尤其到了19世紀，英

1894年，描繪一場正式足球賽，四周有許多觀眾，當時球門仍十分簡易。
圖片來源：維基百科

國軍隊隨著大英帝國的擴張，也同時傳播並帶動了世界各地的足球運動。當時英格蘭的工業重鎮曼徹斯特、利物浦的工人，視足球為重要的休閒娛樂，工人們閒暇時就會結隊踢球，形成了最早的職業聯賽，1863年，世界第一個正式的足球組織「英格蘭足球協會」在英國首都倫敦成立，他們制定出現代足球的規則，也宣告了現代足球運動的誕生。

歐洲人最期待看足球賽

歐洲擁有當今最頂級的五大足球職業聯賽——英格蘭超級足球聯賽（英超）、西班牙甲級足球聯賽（西甲）、義大利甲級足球聯賽（義甲）、德國足球甲級聯賽（德甲）、法國甲級足球聯賽（法甲）。每年8月賽季開打，成了世界各地球迷最期待的例行賽事，就像是期待每週上映的電視影集，這也推動了歐洲足球聯賽的蓬勃發展。例如以攻防節奏轉換快、身體對抗也很激烈聞名的英超，被認為是競爭最激烈的足球職業聯賽，因很難預測奪冠隊伍，每每成為收視率最高的歐洲聯賽節目，2025年台灣的電視台如果要轉播，就需要支付4年66億英鎊（約2727億台幣）以上的天價費用。

> 英超是收入最高的聯賽，海外電視轉播收入是義甲的10倍！

五大足球聯賽的電視轉播收入

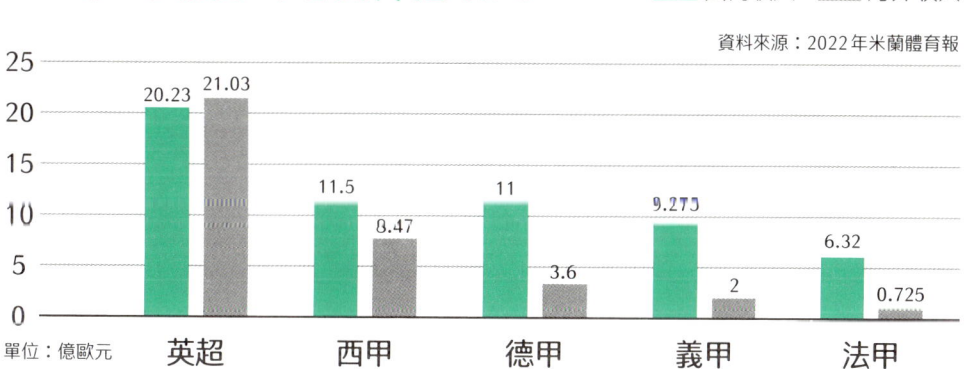

■ 國內收入　■ 海外收入

資料來源：2022年米蘭體育報

聯賽	國內收入	海外收入
英超	20.23	21.03
西甲	11.5	8.47
德甲	11	3.6
義甲	9.273	2
法甲	6.32	0.725

單位：億歐元

不同球風的足球聯賽

　　歐洲球迷的喜好也各有不同，把各國聯賽聚集在一起踢足球的歐洲冠軍聯賽，剛好能滿足各種足球迷的需要。喜歡球星眾多，注重技術，球風比較細膩的可看西甲，也有鍾愛重視防守和組織進攻的義甲；若愛揉合英超和西甲風格可支持德甲，或是選擇以快速節奏和有創意的比賽風格而聞名的法甲。

　　不僅如此，還有世界最具影響力的國際綜合體育賽事，國際足球總會（FIFA）每4年舉辦1次的世界盃，使得足球在歐洲總是人氣不墜。

五大足球聯賽比賽場數

英超	380場	西甲	380場	德甲	380場
義甲	380場	法甲	306場		

> 每個聯賽都有超過300場比賽！

> 這麼多比賽從每年8月開始，直到隔年5月才結束喔！

Q17 自行車公路賽和越野賽哪裡不同？

我要選最厲害的那輛。

靠近凱開的是公路車，另一輛是越野賽用的登山車，兩種功能不一樣喔。

公路車是在平地公路騎行，速度很快。登山車則是穿行在崎嶇的山路裡，注重的是穩固和防震。

自行車賽有分類標準，公路賽和越野賽是**場地不一樣**。

　　騎自行車不只是代步，欣賞沿途景色，還有競速破風的快感，以及和車友們的良性競爭。但是提到競爭，也就意味著要比高下，分勝負，只是一開始大家都搞不清楚比賽的標準在哪裡？若要比哪輛自行車速度最快，要怎麼做才公平，筆直的公路和崎嶇的山路可以一起比較嗎？在不同場地的比賽結果，可以分得出哪一輛自行車的速度快嗎？

　　在自行車非常普及的歐洲，很早就出現了這樣的狀況，雖然在1868年，歐洲的法國、西班牙、比利時和義大利就開始舉辦自行車比賽了，但是那時還沒有一個機構可以說得明白，因為比賽道路或比賽規模造成的差異要怎麼評比。直到1900年，一個以監督各國自行車賽為任務，並針對各種不同的賽制，訂出相關規章的機構──「國際自行車總會」出現，比賽才終於有了標準。現在國際自行車總會的規定很清楚，自行車比賽項目可以依照比賽場地來區分為登山車賽、公路賽和場地賽三大類。

自行車比賽分類表

分類方式	比賽種類
場地	公路賽、登山車賽、場地賽
方式	計時賽、積分賽、追逐賽、爭先賽
人數	個人賽、團體賽
時間	一日賽、多日賽

公路賽強調團隊合作

　　以公路賽來說，顧名思義就是在公路上進行的比賽，通常是指100公里以上的長距離比賽，路線多樣，結合了平路、石板路和爬坡等，是最普遍，而且規模最大的比賽類型。通常是多人同時出發，選手間可以互相幫忙，講求團隊精神與默契。儘管這項比賽屬於個人競賽，但是為了讓車隊中的主力選手贏得勝利，通常同一車隊的其他隊員會扮演掩護、支援的角色，運用團體戰術，以便爭取最高榮譽。

越野賽考驗個人車技

　　登山車賽又稱為越野賽，比賽地形為山路，爬升、陡降的起伏非常大，路線上的障礙也更多，非常考驗選手的體力和操控登山車的技術。其中越野登山車賽是奧運會正式比賽項目，是登山車賽中最經典的賽事，賽道大多為4～10公里，繞行多圈，比賽時間約2小時。

一路高速往下衝，越野賽好刺激！

歐洲興盛的自行車運動風氣

參加三大自行車賽的職業車手來自世界各國，法國最多，義大利次之，第三則是比利時，顯見歐洲培育出眾多職業自行車好手。

傳奇的自行車運動員，像是艾迪‧莫克斯（5次環法冠軍、5次環義冠軍和1次環西冠軍），或是米格爾‧安杜蘭（環法5連冠、2次環義冠軍和1次奧運男子計時賽冠軍），都受過三大職業自行車比賽的洗禮。

歐洲可說是自行車的殿堂，除了擁有百年歷史的單車品牌與三大自行車賽，絕大多數的職業賽事也都在歐洲舉行。想在歐洲賽場闖出一片天，都是從青少年時期，就待在歐洲的賽事體系中發展、逐步發展為菁英選手、再成為職業選手，完全參與這整個過程，將來才有機會頭角崢嶸，出類拔萃。

Q18 歐洲人在哪裡練習射擊運動？

神槍手都從屋頂射擊的。

射擊運動和狩獵有關，應該在森林吧！

射擊運動具有危險性，部分國家有槍枝管制，所以射擊選手只能在靶場裡練習。

你們的想像力真豐富。

射擊運動**有場地限制**，**沒有身體限制**，帕運、聽奧都有射擊比賽。

射擊在1896年的第一屆奧運會就被列入比賽項目之一，也是西方民間歷史悠久的一種傳統運動。但射擊運動所使用的槍枝，無論是手槍、步槍、空氣手槍、空氣步槍、飛靶槍，都具有殺傷力，就算是利用氣體將子彈推動飛行的空氣手槍或空氣步槍，傷害力是所有槍枝武器裡最小的，也依然會造成傷害。因此有些國家會進行槍枝管制，如果要練習射擊，必須在管制的靶場內進行。

帕運會也有射擊項目

射擊是受體型、體力、瞬間爆發力等影響最小的一項競技運動，因此即便是身體失能，也能從事這項運動，展現優異的表現。在為身心障礙、

槍枝管控各國都不同

許多國家對於槍枝是否需要管制是意見分歧的，尤其在歐洲，有的國家是嚴格管制，有的國家對於持有槍枝則持開放、不嚴格管制的態度。例如英國有槍枝管制，射擊選手想用手槍做訓練，除了要先獲得手槍持有牌照，才能去特定的靶場或在警察的監督下進行訓練，也可以到沒有槍枝管制的國家，像是瑞士等國外地區訓練。

身體失能者舉辦的國際型綜合體育賽事——帕拉林匹克運動會（簡稱帕運會），射擊比賽中，首推第一人便是瑞典選手約納斯・雅各布松，他稱霸9屆帕奧會射擊項目，獲得17枚金牌、4枚銀牌和9枚銅牌，多次打破世界紀錄和帕運會紀錄。

奧運射擊項目

手槍	步槍	飛靶
・10公尺空氣手槍 ・25公尺手槍 ・25公尺快射手槍	・10公尺空氣步槍 ・50公尺步槍三姿	・不定向飛靶 ・定向飛靶

只有步槍比賽有不同姿勢的轉換，十分考驗射擊的穩定度和準度。

步槍三姿

臥姿　　跪姿　　立姿

受傷軍人的康復運動

帕運會最初設立的目的，是因為世界二次大戰期間，英國有許多士兵和平民受戰爭波及而受傷，這些傷者必須借助運動來康復，而醞釀出輪椅運動員比賽的構想。

1948年，帕運會的前身──斯托克曼德維爾運動會因此應運而生，當時130名參賽者中，不只是英國退伍軍人，還包括來自荷蘭的退伍軍人。到了1960年，帕運會終於在羅馬首次舉行，有來自23個國家，共400名運動員參與，自此每4年舉行一次，舉辦地點與奧運會同步，在奧運會閉幕後的一個月內舉行。

三大國際身心障礙賽會

帕拉林匹克運動會（帕運）

選手資格：視覺、肢體以及智能障礙菁英選手
舉辦時間：1960年開始，夏季及冬季兩種，每兩年間隔交叉舉辦。

達福林匹克運動會（聽奧）

選手資格：聽覺障礙菁英選手
舉辦時間：1924年開始，夏季及冬季兩種，每兩年間隔交叉舉辦。

特殊奧林匹克運動會（特奧）

選手資格：智能障礙選手
舉辦時間：1968年開始，夏季及冬季兩種，每兩年間隔交叉舉辦。

Q19
各國的射箭方式都不同，是誰統一規則？

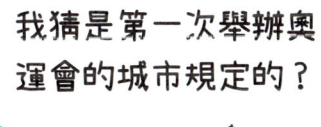

我猜是第一次舉辦奧運會的城市規定的？

應該是奧委會規定的吧！

1900
1904
1908
1920

過去射箭沒有統一的比賽規則，曾經造成四屆奧運會舉辦不同的射箭比賽呢！

國際射箭總會統一了比賽規則。

　　射箭運動是奧運會中歷史相當悠久的一個項目，早在1900年的第二屆夏季奧運會就被列為表演項目，接著1904年、1908年、1920年奧運會，都有列入正式比賽，但是每一屆比賽項目和規則都不同！

　　因為世界各地都有射箭活動，有不同的射箭方法，不一樣的靶具、距離、規則，所以奧運會剛開始納入射箭項目時，很難有統一的比賽方式。例如中國的儒家文化中有射箭技藝、日本有弓術，而西方則有各式各樣的射箭團體、射箭比賽。直到英格蘭約克郡自1673年所舉行的方斯科頓銀箭賽，射箭運動才開始由軍事需要演變成娛樂運動，而現代射箭比賽也是由此開始。但即便現代射箭運動已有了雛形，各地的競賽規則仍各行其是。

1822年「英國皇家弓箭手」俱樂部舉辦射箭活動。　　圖片來源：維基百科

每個國家流行的射箭運動都不同

20世紀初隨著舉辦奧運城市的不同,每一屆的射箭比賽項目和規則,都由主辦城市決定,而變得不一樣。例如1900年巴黎奧運會,比賽項目有法國傳統的搖籃式射箭。這是從12世紀起,守護城鎮安全的防衛隊,訓練弓箭手的方式。選手必須從狹隘通道的一端,射往距離50公尺處之遠的靶上,共射40支箭。

到了1920年比利時的安特衛普奧運會,規則又變了,這次是以當地流行的高杆木鳥射箭為主,27公尺高(約6層樓高)的木杆上裝置木鳥,將其射下就能得分。這種射箭方式十分特別,選手是站在木杆下將箭往上射出,與一般平射相當不同。也因為這些傳統射箭比賽實在太過特殊,造成只有少數國家能派出選手參加,明顯缺乏了競賽的公平性。1920年之後的奧運會,射箭項目就被取消了。

比賽規則終於統一

經過十幾年的努力,在1931年成立的國際射箭總會(FITA),終於制定出世界性射箭比賽的規則與辦法,到1972年第20屆慕尼黑奧運會時,射箭又再度成為競賽項目。目前奧運射箭比賽分成個人賽和團體賽,再細分為男子、女子、團體賽和混合賽等組別。比賽時必須站在規定線後進行射箭,目標是70公尺遠的10環圓靶,放箭時間也有不同的規定。

射出的箭自己找

有些人以為射箭需要很好的視力、或是很強的臂力,其實不盡然,射箭比賽更像是一場跟自己比賽的馬拉松,需要很好的身體協調能力,才能每一擊都保持正確姿勢。還要有強大的心理素質,因為運動員射出的每一箭都在與自己對決。

平常運動員練習射箭也不輕鬆,練習場上沒有人會代勞拔箭和報分,所以運動員最常做的事,是把箭射出去後,就低著頭,在草地上走來走去找箭,有時找不著,還要出動金屬探測器呢!

> 又要開始撿箭了……

Q20 捷克人民以愛國情懷發展出韻律體操？

韻律體操選手的動作跟愛國有什麼關係呢？

韻律體操是捷克發展出來的體操運動，強調力與美的結合，看起來就像藝術表演。

怎麼沒有男生的韻律體操比賽？

目前奧運只有女子組比賽，未來也許會有男子組吧！

韻律體操來自**捷克的天鷹派體操**，追求優美和愛國。

體操是歷史悠久的運動，從現有的考古資料來看，無法推斷是誰發明了體操，只知在西元兩千多年前，埃及古書註釋中，已見到有人在做體操的翻騰動作。雖然不知體操真正源自何時、何人，但代代相傳的體操從未失傳，只是到了19世紀的歐洲，人們對於體操有很多不同的見解和派別。

體操運動有各種派別

德國體操派的觀點是用單槓、木馬等器械，來增強身體力量，強身健體；有運用人體解剖學和生理學的理論，編制各種練習方法的雅典派；有強調練習動作的丹麥體操派，他們集結以上兩派的精髓，主張體操必須富有節奏和韻律，才能增強健康；還有用音樂搭配體操動作，再加入一些舞蹈元素，強調動作必須優美、難度高的捷克天鷹派。

韻律體操四項

球操　　棒操　　圈操　　帶操

天鷹派體操激發愛國心

今日的韻律體操源自捷克天鷹派，有特別的歷史和地理因素，對於捷克人來說，19世紀末、20世紀初，正是個風雨飄搖的時代，原來的帝國瓦解，國家分崩離析，內憂外患，還被迫割地給當時的納粹德國。因此捷克天鷹派希望他們創造的索科爾體操，可以將所有的捷克人訓練成身心和諧、健康，熱愛自己民族，充滿愛國情懷，有勇武精神的年輕人。天鷹派的主張與訓練方法也逐漸傳布到東歐各地，1930年，韻律體操比賽第一次在東歐出現，但由於當時以德國體操派為主的競技體操很強勢，一般選手大都不願意投入這種新興的體操項目。

打敗西方國家靠體操

在二次世界大戰後，捷克所處的東歐有不少國家和蘇聯都是共產主義國家，因為政治體制不同，和主張民主自由的西歐國家格格不入，雙方互不往來，只有在奧運競技場上可以一較高下。因此東歐和蘇聯（後來解體成為俄羅斯等諸國）就傾國家之力，自幼培訓競技體操和韻律體操運動員，好在奧運時打敗西方國家。被特意栽培的體操選手，從小就肩負著這項文化運動的使命。

> 韻律體操長久以來只有女子競賽的項目，就算日本等國曾經向國際體操總會申請增加男子項目，都沒有通過。

歐洲 Q20 捷克人民以愛國情懷發展出韻律體操？

　　韻律體操在1962年獲得國際體操總會承認後，迅速被世界各國接受。而蘇聯和東歐訓練的體操選手，在奧運、世界體操錦標賽等重要賽事，也都有著優異的表現。直到現在，東歐諸國和蘇聯解體後的國家，仍是體操大國，每次比賽都有不俗的成績。

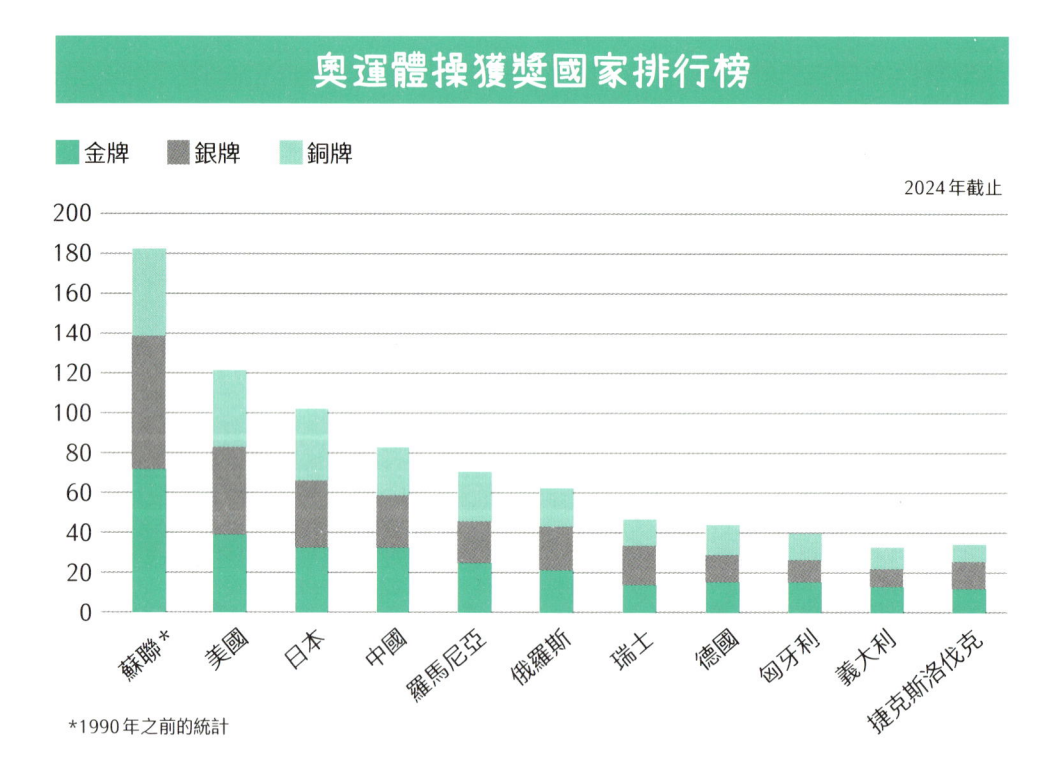

奧運體操獲獎國家排行榜

■ 金牌　■ 銀牌　■ 銅牌

2024年截止

國家	獎牌數
蘇聯*	約182
美國	約121
日本	約102
中國	約82
羅馬尼亞	約70
俄羅斯	約62
瑞士	約46
德國	約44
匈牙利	約40
義大利	約32
捷克斯洛伐克	約34

*1990年之前的統計

Q21
滑雪其實只是北歐人的行進方式？

滑雪就是要從高山上往下滑吧！

雪也會下在平地上，難道北歐人冬天都不出門了嗎？

北歐人發明的滑雪方式就像跑步，和常見的滑雪運動不一樣喔。

滑雪板就是北歐人的交通工具。

　　北歐很靠近地球最北部的北極。北極的氣候總是異常寒冷，1月的平均氣溫在攝氏零下40度至0度之間，冬季的最低氣溫，甚至低於攝氏零下50度，絕大部分地區幾乎全年地表都有冰雪，北歐距離北極不遠，氣候類似，一年中大部分的時間都處在冰天雪地裡。身處在北歐的人們，為了能夠在雪地上行走，去旅行、狩獵或是出門做買賣，就發明了一種「北歐式滑雪」的交通方式，在鞋下裝了一個特別的裝置——滑雪板，讓自己在雪地裡能來去自如。

像跑步的滑行方式

　　身處在熱帶和亞熱帶的人們，很難憑空想像「北歐式滑雪」的樣子，你可以根據它的特色，揣摩一下：就像你穿上雪鞋，在鞋底黏著一塊細長的板子，滑行的時候，用腳去帶動這塊板子滑行。因為雪鞋的固定裝置裝在腳尖，後方沒有固定裝置，當你往前滑行時，腳跟可以抬起來，如此一來就像在跑步，能夠帶動身體往前移動。若再加上兩根雪杖輔助往前推，滑行速度就會更快。

> 北歐式滑雪得全身動起來，其實相當消耗體力。

地理篇：世界各國瘋運動

> 雙腳向外打開，就能前後踏步往上爬。

滑雪可以往上爬

北歐式滑雪不只能在平地滑行、緩坡滑降，還可以往上爬坡，所以北歐人在雪地裡通行無阻。冬季奧運中有一項越野滑雪的比賽項目，就是以北歐式滑雪來進行，運動員必須在滿布冰雪的山區翻山越嶺，克服高低起伏的地形，完成長達30公里或50公里的比賽，因此又有「雪上馬拉松」之稱。

飆速俯衝的高山滑雪

　　由於北歐式滑雪並不適合在陡坡滑降，因此在山勢陡峭的歐洲後來又衍生出阿爾卑斯式滑雪，又稱為高山滑雪，也就是常見的雙板滑雪。阿爾卑斯式滑雪是將鞋子的前後端都固定在雪板上，因此在較陡的斜坡或是高速滑行時，能更精準的控制方向及速度。但是高速滑行更具危險性，初學者一定要穿戴護具，先在距離短、坡度緩、雪道寬敞的場地上進行練習，減少碰撞和受傷的風險。

越野輪滑，沒有雪地也能練滑雪

在沒有雪地的地方，想要練習滑雪，以前會在板子下裝輪子來模擬滑雪的動作，經過多年改良，現在有一種越野輪滑的運動也可以辦到。越野輪滑是模仿越野滑雪，動作和運動技巧都非常相似，是一個可以訓練到全身的運動，現在已經成為競技運動，每年都會舉辦世界錦標賽。它就像我們平常走路或跑步一樣，只是雙手多了手杖，就如同現在常見的北歐式健走。只要穿戴好安全裝備，在平坦的柏油路面就能開始玩越野輪滑，感受滑行的樂趣。

越野輪滑是在堅硬的地面滑行，摔倒時膝蓋和手肘最容易受傷，所以一定要穿戴護具！

Q22 排球隊員都很高，歐洲國家一定很強？

才沒有呢，你看裡面有一個比較矮的球員！

我知道，她是自由球員，隊服的顏色也跟隊友不同。

雖然攔網和殺球的動作，身高有優勢，不過排球的傳接技巧也很重要，不一定身高高才能當排球員。

排球不只是高度的比賽，還需要地面防守！

排球是由美國人威廉‧摩根所創的團體球類運動。在創立排球運動前，正當籃球興起階段，只是籃球比賽需要大量的肢體接觸、碰撞，未必人人都能接受。威廉‧摩根想要創立一項能讓更多人參與的團體球類運動，他從籃球、棒球、網球中「偷師」，創造了排球的前身。經過不斷的發展演進，成為今日的排球運動。

團隊合作才能獲勝

排球的基本技術包括發球、接發球、舉球、扣球、攔網等，比賽時，這6名球員可以根據球隊的戰術，應用其中最擅長的技術，擔任攻擊手或舉球員。攻擊手可以再細分為主攻手、攔中手和輔舉。主攻手是全隊的大砲，必須想辦法把球打到對面去，讓對手接不到；攔中手通常是全隊長得最高的人，負責攔住對方的進攻，也會和舉球員配合快攻，有快攻手的別稱；輔舉必須依照戰術安排，有時也會負責進攻，又稱副攻手。舉球員則是球隊的大腦，負責組織球隊要如何進攻，因此進攻的節奏幾乎多由舉球員來掌握。

有時候場上會出現一位穿著與隊友不同球衣的球員，而且總是站在後排，不扣球、不發球、不攔網，也不是隊長，他就是國際排球總會為了提升球隊的防守能力，以及增加雙方比賽的來回對抗，而特別增設的「自由球員」。自由球員通常都不高，因為專職防守，個子小反而靈活。

排球強國排名

　　以國際排球總會2023年的排名來看，男子排球前10強國為波蘭、美國、義大利、巴西、日本、阿根廷、法國、斯洛維尼亞、塞爾維亞、伊朗；女子排球前10強國為土耳其、美國、巴西、塞爾維亞、義大利、中國、波蘭、多明尼加共和國、日本、荷蘭。雖然歐洲國家比例還是多一點，但也不能忽視其他國家的排球投入與發展。

我沒有犯規喔！

排球比賽規則在1994年做了修改，擴大球員擊球區域至全身任何部位，所以也可以用腳踢球。

自由球員不自由

雖然名為「自由」，實際卻不是非常自由，在場上他必須遵守很多規則：自由球員屬於後排隊員，不能發球，也不需要參與網前的進攻，同時也不能有攻擊性的擊球，當球的高度高於排球網時，他不能扣球、不能攔網、連做攔網的假動作也不能出現。他只能專職防守，是全隊的守護神，負責接扣球和接發球防守。由於他的守備範圍非常大，所以反應和移動速度必須非常快。

此外，自由球員的替換次數是不受限制的，但兩次間的替換必須隔一次死球（球落地後尚未發出去前），而且只能和被替換下場的後排球員做輪替（或第二位自由球員）。

排球守護神！

Q23 挪威女子沙灘手球隊，沒穿比基尼要罰款？

比賽穿什麼原來有規定啊！

規定女生一定要穿比基尼，真的很不公平。

正式比賽都會有服裝規定，但不能因為性別差異而不公平！

比賽規定也需要革新，確保公平，女性選手不用穿比基尼比賽了！

2021年8月，挪威女子沙灘手球代表隊參加歐洲沙灘手球錦標賽，在對戰西班牙時，因為穿著短褲，而非規定的比基尼，被歐洲手球協會以「穿著不當」為由，處以1500歐元（約台幣4萬9556元）的罰款。根據國際手球協會的規定，女性運動員在進行手球比賽時必須穿「上衣和比基尼泳褲」，男性運動員則必須穿「背心和短褲」。

新的手球服裝規定

但是比賽時穿比基尼泳褲可不是容易的事，球員因為擔心走光，必須一直檢查衣服有沒有移位，會分心於比賽以外的事。這件事引發了輿論關注，歐洲多個體育組織、北歐的挪威、瑞典、丹麥、芬蘭、冰島的文化體育部長，都為她們提出抗議。最後國際手球協會更改服裝規定，女性運動員須穿緊身短褲及背心，而男性球員也須穿著短褲及背心，不過並沒有規定褲子要緊身，才終於平息了這起風波。

> 2024巴黎奧運創造了性別平等的歷史創舉，在運動員性別比例上，首次達到男女各為50%。在法國，手球也是所有團隊運動中，女性運動員占比最高的一項運動，35%的職業手球運動員為女性；相較之下，女性職業足球員只有7%。

沙灘手球來自義大利

　　沙灘手球是1980年代末，由義大利教練制定規則，並推廣到世界各地。2000年時，沙灘手球成為歐洲手球協會的正式運動項目，於2024年的巴黎奧運舉行沙灘手球示範賽。沙灘手球每隊上場4個人，包括1位守門員，比賽方式除了在沙地上打球以外，其餘與傳統手球規則相仿。如果要了解沙灘手球的規則，可以先從了解傳統手球開始。

認識手球運動

現代手球在室內進行比賽，共有6名普通球員及1名守門員，兩方球隊在場上互相對抗、互相進攻。顧名思義，手球就是用手擲球、接球、停球、推球或擊球，也可以用手臂、頭、軀幹、大腿和膝部去做上述的動作，但不可以用腳或膝關節以下的部位觸球，否則就犯規了。比賽開賽時，每隊場上球員不得少於5人；但比賽期間如有球員受傷或被逐出場，使某隊在場上的球員減至5人以下，比賽仍可繼續進行喔！

手球和籃球是歐洲最流行的兩大室內運動。因為打手球不需要昂貴的裝備，只要找好場地和湊齊人數，準備好短褲、T恤、球鞋，就可以組隊打手球。不管是內室還是在沙灘，手球比賽必須不斷進攻，而且節奏非常快速，攻守轉換常常僅在一瞬之間，過程相當緊張刺激，十分有看頭。

Q24 冰壺是從冰上滑石頭遊戲演變而來？

丟石頭也可以變成運動？！

冰壺應該是在冰上滑，不是丟吧！

現在還發明了在地上玩的地板冰壺，沒有場地限制，還可以站著玩！

來滑石頭吧！蘇格蘭的冬季限定遊戲。

　　冰壺比賽起源自蘇格蘭，蘇格蘭由約790座島嶼組成，許多島嶼位於北緯60度左右，非常靠近北極圈。每年9月到隔年3月的冬季，天氣變幻莫測，氣溫經常低至攝氏零下5度到10度。雖然下雪的時間不多，但日照時間不足6小時，地上常常會結霜。在這樣嚴苛的環境下，有些島嶼甚至沒有一棵樹能夠存活。還好，蘇格蘭人在16世紀時，就懂得如何度過這漫漫冬日，他們會在冰凍的湖面或池塘上玩推石球來消遣娛樂。到了17世紀，石頭加上了把手，變成現代冰壺的前身，因此冰壺又被稱為「冰上溜石」。18世紀後，冰壺流傳到歐洲和北美洲，到了20世紀，出現了室內冰場後，使得冰壺運動得到更進一步發展。

> 運動是古代貴族的社交活動，所以相當注重穿著禮儀。

1860年，蘇格蘭人進行冰壺比賽的情形。
圖片來源：維基百科

冰壺想得分沒那麼容易

簡單來說，冰壺比賽就是對陣的兩方運動員，分別投出冰壺，將自己隊的冰壺盡量留在大本營（得分區）的中心，並將對方的冰壺撞走，總共比賽10局，每局以最靠近大本營中心的冰壺隊伍得分，每壺1分，累積得分高的一方獲勝。

每隊派4位運動員上場，首先由投壺手投出冰壺，接著冰壺就會在冰面上旋轉前進，其餘兩位運動員則擔任刷冰員的角色，他們會拿著由鬃毛或麥稈製的冰刷，一路刷掉冰面上突起的冰粒，來增加冰壺滑行的距離，或改變行徑路線。場上還有一位運動員擔任隊長，由他來指揮3位隊員。冰壺場地的賽道有45公尺，隊長為了讓隊員聽清楚指令，得要大聲喊叫，如果幾條賽道上同時比賽，吼叫聲此起彼落，那可就異常熱鬧了。

奧運使用的冰壺十分講究

每場比賽需要兩組冰壺，每組各8顆冰壺。冰壺這個名稱由來，是因為石頭被打磨得像個壺，扁扁的壺身上還有個手柄。在奧運比賽上所用的冰壺，規定必須是蘇格蘭的艾爾沙・克雷格島上的岩石打磨而成的，因為蘇格蘭產出的冰壺石不僅品質好，還承載了這項運動的歷史和文化意涵。

冰壺直徑29公分、重量為約19公斤，壺身和壺底由兩種不同的石材製成，從原石的開採，到塑形、拋光等多個製作環節，幾乎全靠手工。

在地上也能玩冰壺

一般人如果想要體驗冰壺比賽，可以先試試地板冰壺（或稱地壺球）。這是簡易版的冰壺，底下裝有三顆滑輪，在平滑地板上便能進行。地板冰壺經過幾代改良，目前已經非常接近冰壺的手感和形體。只要有一條賽道、兩組地壺球（每人2個）和推桿，6或8個人組成兩支隊伍，便可以進行比賽。比賽共6局，總分最高的隊伍獲勝。如果6局後平分，就加賽1局，直到一方分數較高的，就是贏家。

> 地壺球是塑膠製的比較輕，我們還是玩這個吧！

Q25 觀看擊劍比賽不能大聲歡呼？

呵！哈！看劍！

學擊劍之前，得先學會禮貌！

擊劍很講究禮節，比賽開始選手會向對手、裁判和觀眾敬禮，所以觀眾也要安靜觀賽才有禮貌。

擊劍是**紳士比賽**，觀眾也需要有紳士精神。

擊劍是歐洲古老的貴族運動，起源於中世紀文藝復興時期，當時貴族間為了解決糾紛，經常拔劍相向，一劍定生死，不過交鋒前，他們總會先禮後兵，要舉劍於眉間，向對方敬禮致意。雖然現在擊劍比賽不是決鬥，但在參賽選手手中的劍，仍是一把「紳士之劍」，也非常需要觀眾配合，以「紳士精神」觀看比賽。

仔細想想，如果你是參賽選手，在氣氛緊張的比賽過程中，需要根據對方的特點選擇出劍和進攻的方式，這時若還伴隨著環境噪音、觀眾的鼓掌歡呼聲，加上面罩的阻隔，是不是很容易就聽漏了裁判重要的口令？雖然沒聽清楚裁判口令，並不一定會直接影響選手的成績，但如果觀眾能保持紳士風度，安靜觀賽，對選手來說才是更好的鼓勵。

層層防護的擊劍裝備

擊劍的服裝有很多祕密機關，保護運動員受到對手攻擊時不至於受傷。以面罩和電衣來說，它們都是由防刺穿的鋼網，和不鏽鋼材料製成的，是名符其實的「鐵衣」，光是穿戴它們就得花些時間，而且想要彎腰駝背也不容易。另外運動員手上的劍，內裝電動裁判器，它是擊劍運動史上的大發明，改變了以往僅由裁判目測決定是否有效擊中的方式，以更科學的方法來判別勝負，使擊劍比賽更公平。

擊劍運動的劍是這項運動的靈魂之所在，目前因劍種不同，分為鈍劍（又稱花劍、輕劍）、銳劍（又稱重劍）、軍刀（又稱佩劍）三種比賽。

鈍劍

從外觀來看，鈍劍和銳劍都屬擊刺型武器，劍尖都有壓力感應裝置的電線。鈍劍的重量不超過500公克，是擊劍運動中最基本的一種，在亞洲深受歡迎，鈍劍的得分方式是用劍尖擊中對手的背部或軀幹才算有效得分，而且先有積極進攻行為而擊中者得分。

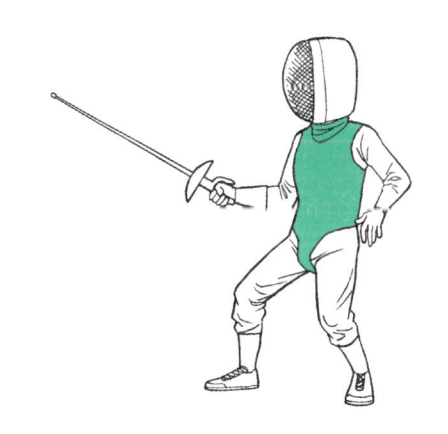

銳劍

銳劍則有著更為剛硬的劍身，護手盤也較大，重量約770公克，是最重的。銳劍只要用劍尖刺中對方全身任何部分都算得分，因此不管是攻擊方或防守方，都可以得分，需要更多技巧化解對方進攻與準確出手攻擊，不過攻擊若太頻繁，容易露出破綻，因此銳劍也是三種比賽中，出手進攻比較謹慎，速度較慢的一項。

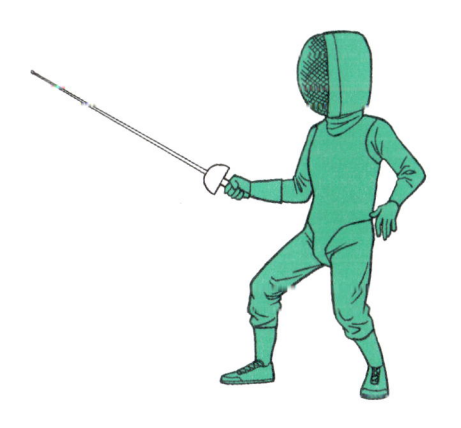

軍刀

軍刀的劍身較硬，不易彎曲，重量不超過500公克。它的打法是三者中最粗暴的，得分方式仿照古代騎士在馬背上決鬥的規矩，刀的任何一部分，包括刀刃，只要刺或劈中對方腰部以上的任何部位都可以得分，因為速度最快，在歐洲地區較為普遍。

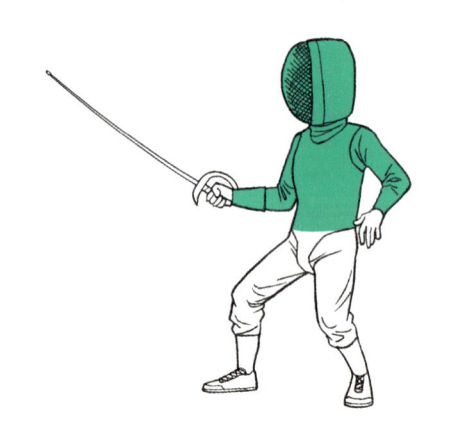

擊劍仍是歐洲國家掛帥

目前奧運的擊劍紀錄保持者和國家，無論是年齡最大的奧地利選手，還是有40年奧運擊劍生涯的丹麥選手，或者是參加奧運次數最多，共達7次的義大利和瑞典擊劍選手，獲得擊劍奧運金牌最多的義大利……，幾乎都是歐洲運動員的天下。

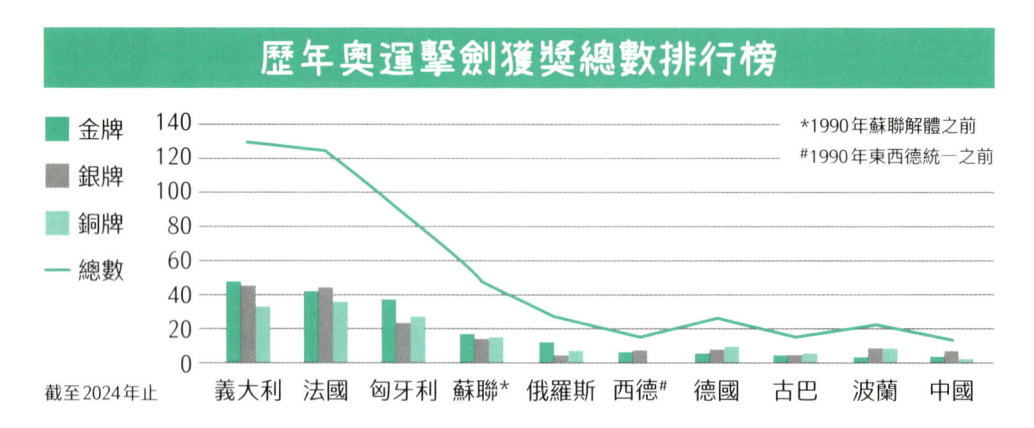

歷年奧運擊劍獲獎總數排行榜

*1990年蘇聯解體之前
#1990年東西德統一之前

截至2024年止

義大利、法國、匈牙利、蘇聯*、俄羅斯、西德#、德國、古巴、波蘭、中國

圖例：金牌、銀牌、銅牌、總數

Q26
可以在城市裡合法飆車？

我也好想自己飆車喔。

使用馬路、公路當作賽道，就能合法飆車了。

想在街道賽車得先封路，在馬路兩側加裝緩衝和防護措施，才能比賽喔。

世界汽車三大賽事之一，就是要在**摩納哥**街道賽車！

一般人提到飆車，都是負面的感覺居多，但是有例外喔！參加 F1 的賽車手，就可以在都市裡的馬路上飆車，還能體驗車子性能、又能展示自己的駕駛技巧，更重要的是就算超高速行駛，也不違反交通規則，不會受罰。

昂貴的頂級賽車運動

F1 的中文翻譯為「一級方程式賽車」，是賽車運動的主辦者——國際汽車聯盟（FIA），為了賽車的公平與安全，制訂了賽車的統一規格，只有依照這個規格製造的賽車才能參賽，所以這種賽車便稱為「方程式賽車」。每年國際汽車聯盟都會舉辦二十幾場大獎賽（也稱為分站賽），每一場都會在全球不同的國家舉行，約有 10 支車隊參賽。比賽前十名依照排名會有不同的分數，最後以總積分，分別頒給賽車手個人和車隊年度總冠軍的寶座。

參加 F1 的賽車手都必須持有國際汽車聯盟的超級駕駛執照，這是聯盟核發的最高級別執照。參賽的賽車都是汽車界以最先進的技術和高成本的材料所製造，根據紅牛車隊的發布，一輛 F1 賽車的總成本約 1500 萬歐元（5 億新台幣左右），真的是「非常昂貴」的體育活動。賽事通常在專門修建的賽道上進行，但也會在臨時封閉的城市道路上舉辦，其中最有名的就是摩納哥賽道。

最狹窄的 F1 賽道

摩納哥賽道共有19個彎道,平均寬度9公尺,是全F1賽道中最窄(專用賽道寬度至少12公尺)、單圈長度3.337公里為最短,也是平均單圈速度最低的賽道。

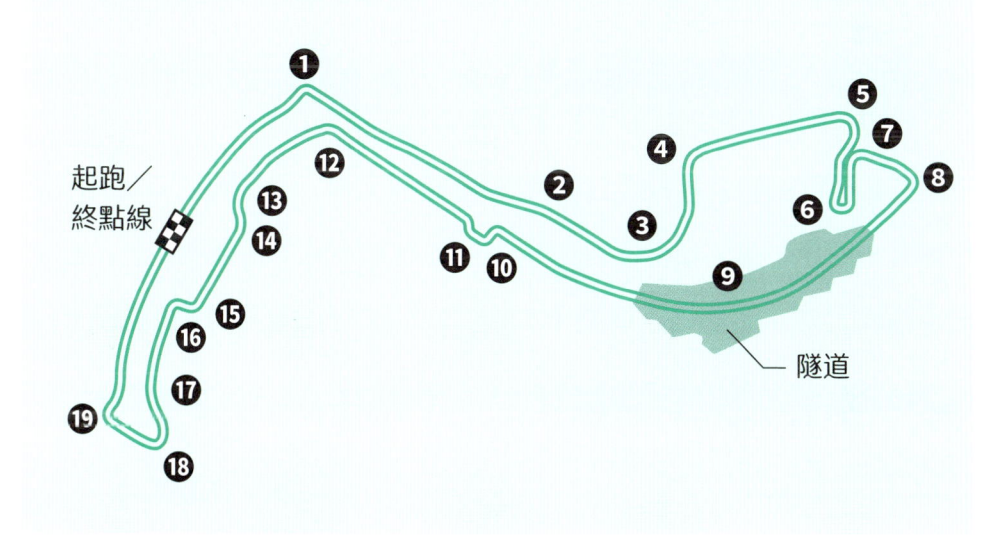

幾乎無法超車的 F1 賽道

摩納哥賽道早在1950年,就被列入F1的大獎賽賽道之一,是一條歷史相當悠久的賽道。它一直被認為是一條非常難以駕駛的賽道:街道狹窄,還有髮夾彎、隧道等,賽車手不僅毫無出錯的空間,超車也極端困難。隔著賽道即可望向地中海,風景優美,因此摩納哥大獎賽有「F1皇冠上的明珠」的美名。

印第500和利曼24小時

被車迷認定是最重要的汽車「三大滿貫」賽事，除了F1，另兩個賽事，一個是印第安納波利斯500英里大獎賽，簡稱為印第500，是目前世界上歷史最長的，仍在舉辦的汽車比賽。印第500的意思是500英里（804.675公里，相當於374.3公里長的國道1號兩倍以上的長度），只有一天時間完成比賽：賽車手必須在2.5英里（約4.023公里）長的橢圓形賽道上行駛200圈，挑戰自己的極限，爭奪高額獎金。

還有一個是利曼24小時耐力賽，這是1923年起，在法國巴黎西南方的利曼小鎮，每年6月舉辦的24小時耐久賽。比賽是由3位賽車手輪番上陣，使用同一輛賽車，在13.626公里的環形利曼賽道上跑24小時，以賽車行駛最長距離的隊伍獲得勝利。

非洲

Q27 非洲最受歡迎的運動項目是什麼？

我猜跑步。

印象中許多馬拉松比賽冠軍都來自非洲呢！

沒錯，馬拉松是非洲人的強項，不過，歐洲足球隊的主力球員也有許多來自非洲哦！

西非人擅長踢足球，東非人稱霸馬拉松。

　　非洲是世界面積第二大的大洲，目前人口超過14億。在被歐洲殖民之前，非洲的傳統社會就已經舉辦了摔跤和賽跑比賽，現在仍是非洲很流行的運動項目。

　　19世紀後，受到歐洲殖民帝國的影響，非洲人的語言、生活習慣，甚至連喜愛的運動也受到殖民母國的影響，而有了不一樣的面貌。根據國際奧會報告書的調查，非洲的熱門運動包括足球、籃球、排球、田徑、游泳、拳擊等。其中最受歡迎的運動是足球、跑步，這也是非洲人特別擅長的運動項目。

強大足球員來自西非

　　以足球運動來說，非洲人不管各個年齡層的人都喜歡踢球或看球，而且還有不少把足球視為職業技能和勞工訓練的足球學校，會將表現比較優異的球員送往歐洲，參加各大足球職業聯賽，他們強大的體能和破壞力，在歐洲各足球隊也深受歡迎。

　　著名的明星足球員如1992年出生的薩迪奧·馬內，就是一位從貧民窟走出來的非洲足球先生。在塞內加爾成長的馬內，從小家境並不富裕，被「足球一代青年學院」選中，訓練成為足球運動員，再前往歐洲足壇發展而發光發熱。如今靠著足球的成就榮歸故里，在家鄉蓋醫院、學校和足球場，造福鄉親，成為塞內加爾的全民偶像。

在歐洲的非洲足球員

參加歐洲足球聯賽中的非洲足球員，以塞內加爾最多，其次是摩洛哥和奈及利亞。對照非洲地圖，這些足球員多數來自西非國家。

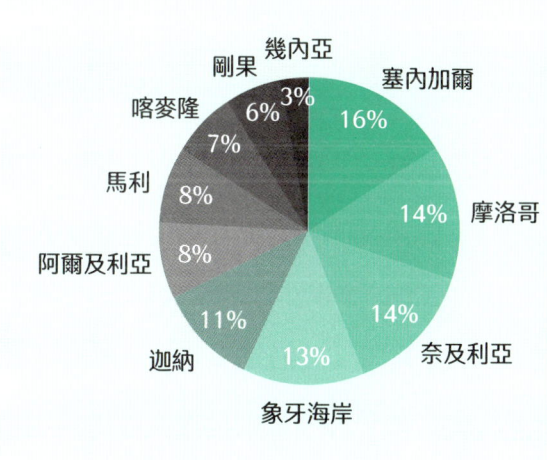

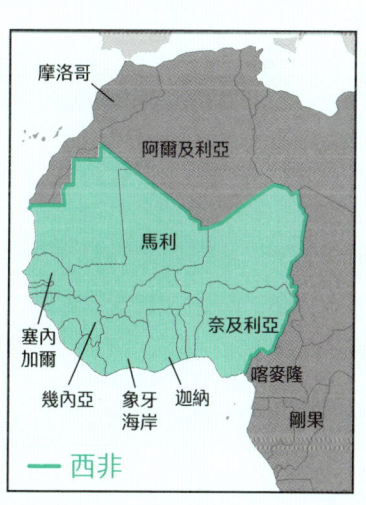

圓餅圖數據：
- 塞內加爾 16%
- 摩洛哥 14%
- 奈及利亞 14%
- 象牙海岸 13%
- 迦納 11%
- 阿爾及利亞 8%
- 馬利 8%
- 喀麥隆 7%
- 剛果 6%
- 幾內亞 3%

地圖標示：摩洛哥、阿爾及利亞、馬利、奈及利亞、塞內加爾、幾內亞、象牙海岸、迦納、喀麥隆、剛果 —— 西非

數據來源：FOOTBALL BENCHMARK 2021

東非跑者領先世界

跑步本身簡單，不需要、甚至不必用到昂貴的設備，因此對天賦條件優異，又不需要投入太多經費的非洲運動員來說，田徑的各項跑步比賽就是最好的選項。非洲各國也不乏田徑好手，尤其是東非運動員，他們的體格比較纖瘦，腿又細長，耐力非常好，800公尺及各類長跑項目，或是馬拉松的賽事中，幾乎都是他們的天下，也經常打破世界紀錄。

馬拉松前 25 名紀錄保持者國籍

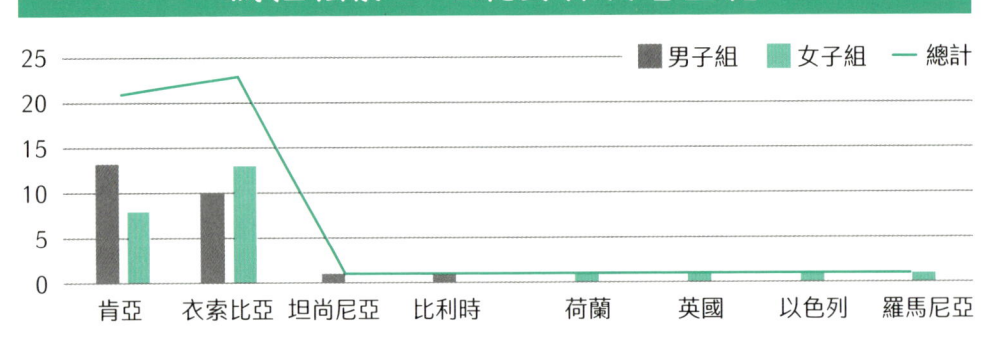

	男子組	女子組	總計
肯亞	13	8	
衣索比亞	10	13	
坦尚尼亞			
比利時			
荷蘭			
英國			
以色列			
羅馬尼亞			

不過，非洲國家經濟大多不甚富裕，甚至有不少非洲國家，光是組成代表隊參與國際賽事，就已經窮盡國家資源，即便是世界頂尖好手，也常會遇到經費不足、得不到協助的問題。例如非洲跑得最快的男人——肯亞的短跑名將歐姆魯瓦，想參加2022年在美國舉辦的世界田徑錦標賽，差點因為拿不到美國簽證，一度放棄參加比賽，還好峰迴路轉，在最後一刻趕上比賽。

肯亞和衣索比亞的跑者特別厲害耶！

這兩個國家都是高原地形，平均海拔1500公尺以上，空氣比較稀薄，很適合訓練跑步，增加肺活量。

衣索比亞
肯亞

Q28
在沙漠也可以進行賽車！

沙漠裡沒有加油站和維修站。

不行，車子會陷在沙子裡。

賽車手得要承受沙漠的酷熱。

每年舉辦的達卡拉力賽，就是考驗車輛和賽車手在沙漠和不同地形的耐力賽。

DAKAR

圖片來源：維基百科

達卡拉力賽，挑戰各種地形的冒險競賽！

　　沙漠是自然界的重要組成成分，約占地球陸地總面積的21%，以世界最大面積的撒哈拉沙漠來說，它的總面積超過940萬平方公里，與美國國土面積相當，即使沙漠面積廣大，卻因為乾旱缺水，使得人們在沙漠中生存不易，連辛苦修建的公路，一場大風颳起沙塵，就足以把公路掩蓋而無法通車，如果能夠平安穿越廣闊的沙漠，那真是非常不容易的事！

迷路創造了拉力賽

　　1977年，達卡拉力賽的創始人澤利・薩賓在撒哈拉沙漠，位於查德的一處高原中迷了路，他無意間發現，沙漠是很適合進行「拉力賽」的地方，因為舉辦拉力賽的目的，就是在展現汽車位於惡劣的環境下，它的性能是否能夠正常發揮，以及車手的技術和耐力是否足以通過考驗。

　　因此澤利・薩賓開始籌畫一場由法國巴黎至塞內加爾達卡的拉力賽，並於1978年底舉行，

第一屆巴黎達卡拉力賽路線圖

比賽總長度有10000公里！

「巴黎達卡拉力賽」也因而得名。因為賽事要橫跨歐、非洲，橫渡地中海，途中還須經過許多情勢不穩定的國家，讓這場拉力賽成為充滿冒險、刺激的長距離競賽，也因為如此，導致後來的比賽路線（包括起點、終點）不得不經常更改。

挑戰更多危險路線

為了避險，巴黎達卡拉力賽有三次從西班牙的格拉納達出發，路線經常更動而遍及整個非洲。2008年，對巴黎達卡拉力賽是個重要的年份，在比賽舉行的前一天，因恐怖組織的恐嚇，比賽突然宣布取消，過去曾經有類似原因而臨時更改或取消部分賽段，但全部取消還是第一次。隔年主辦單位就把比賽路線改在南美洲舉辦，並正式將官方名稱改為「達卡拉力賽」。

比賽10年後，達卡拉力賽轉向中東，繞著沙烏地阿拉伯行駛。不變的是，賽段地形依然崎嶇，天氣依然難測，選手要經歷酷熱險惡、日夜溫差極大的沙漠、乾涸的河床、爛泥、叢林、深水、高低起伏的山脈和大石頭……，可說是一場人與自然真正較量的競賽。

車輛與車手的終極考驗

達卡拉力賽目前依照不同類型的車輛分成8組，參賽者必須等到每個賽段開始前的那一刻，才會拿到比賽的路線說明書，即便大家都會使用GPS導航，路線說明書仍是了解沿途路線和危險的唯一來源。

每天比賽都會依照機車、汽車、卡車的順序出發，因為機車對沙地破壞比較少，汽車、卡車則緊接著在後。

接下來就是超過10天以上的考驗：有時體力不濟時，一天仍要開600公里至800公里（相當於國道1號來回開一趟），爭分奪秒的完成一段賽段，才能前往露營地稍微休息，隔天又要繼續前往下一段賽段，直到抵達終點。達卡拉力賽參賽者有可能在途中遭遇各種危險，但反而更能激起參賽者冒險的鬥志，也許這就是讓達卡拉力賽舉辦一屆又一屆的魅力吧！

2024達卡拉力賽參賽者和完賽者人數

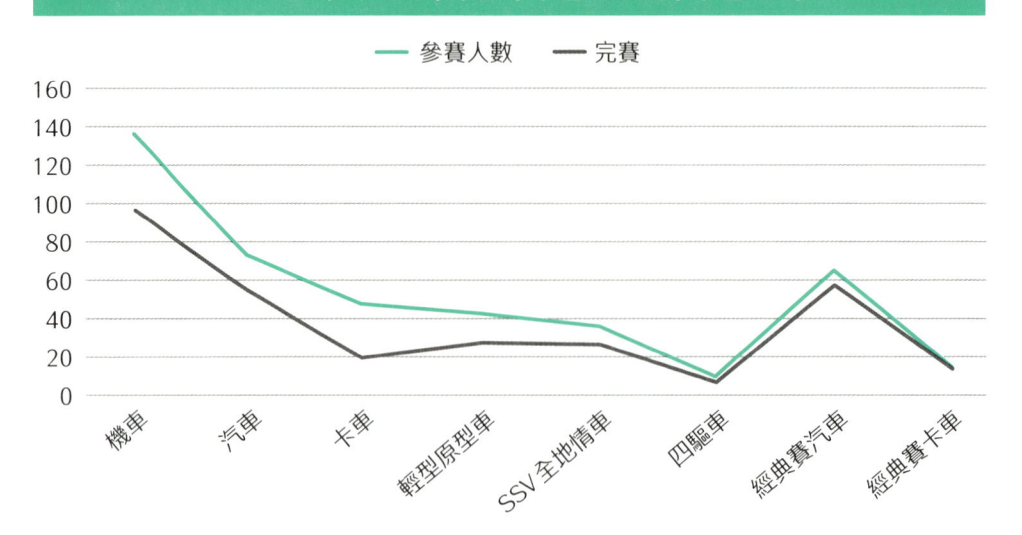

參加人數以機車組最多，其次是汽車組。與完賽人數相比，沒有一組參賽者全部完賽。

Q29 最奇特的跑步比賽場地在哪裡?

不管去哪跑,我想試試看。

我猜沙漠,去那麼熱的地方跑最特別吧。

超級馬拉松會選在極端惡劣的環境裡舉辦,每年還吸引許多人參加!

不管在沙漠，還是在極地，冒著生命危險都有人跑！

現代人參加跑步比賽不是什麼新聞，至少在台灣，一年就有將近300場大大小小的比賽，不管是短距離的路跑，還是長距離的半馬、全馬。如果你很喜歡跑步，想參加跑步比賽，幾乎週週都可以參加。跑步比賽的迷人之處就在於，它不僅能強身健體、鍛練心智與耐力之外，在跑步過程中，還可以欣賞沿途風景，路上還有補給站、醫療站等支援參賽選手，若能完賽，更會有挑戰自我的成就感。不過，有一種跑步比賽卻不是人人都能參加或輕易挑戰的，那就是超級馬拉松（簡稱超馬）。

在沙漠裡跑七天

提到超馬，就不得不說已超過30年歷史的撒哈拉沙漠馬拉松。這是每年4月在非洲北部的撒哈拉沙漠所舉辦的賽事，參賽選手必須在7天內跑完約250公里（距離相當於從國道3號的基隆出發，到南投的竹山）。為了讓參賽選手體驗沙漠生活，大會每天只會在檢查站提供5公升清水，在露營地有輕便帳幕可過夜，其餘必需品得自己背負。參賽選手報名時，

> 比賽規定，出發時的背包重量不能低於6.5公斤，必須攜帶：食物、水、睡袋、外用消毒劑、刀子、打火機、指南針、信號反射鏡、救生毯、頭燈等。

要先繳交身體檢查表、心電圖，以及「屍體運送費」。如果順利完成賽事，「屍體運送費」就會退還。沒錯，就是屍體運送費！這是一張生死狀，意味著參賽選手的生命隨時受到威脅。

白天像火爐，晚上睡冰箱

在沙漠裡，晝夜溫差極大，白天過於炎熱，氣溫可以上升至攝氏40～50度，烈日和高溫讓人體水分大量流失；一到夜晚氣溫又降到約5度，凍得人瑟瑟發抖。加上水源十分匱乏，不少參賽選手還沒跑到檢查站，就因為脫水而倒下。同時由於地形崎嶇，沙丘可以高達幾十公尺，四周環境相似，沒有路標，很容易迷失方向找不到出路。萬一受傷或遇到野生動物、恐怖組織等意外，只能自求多福。

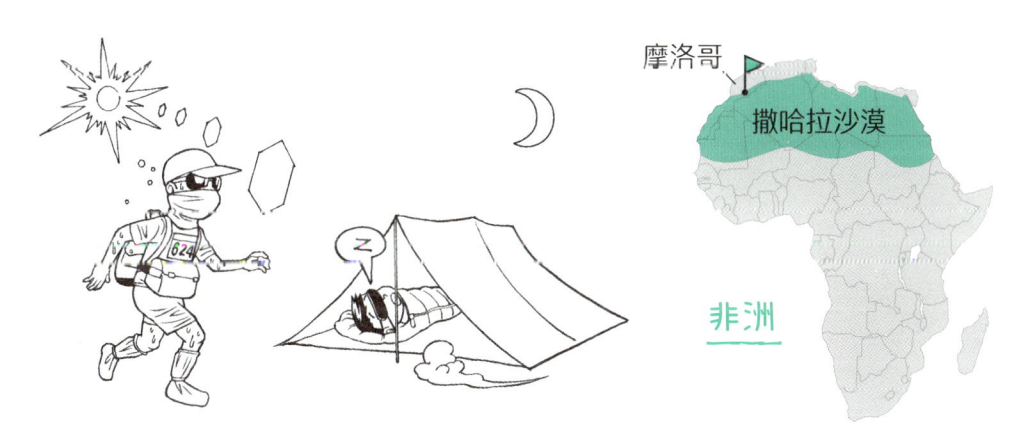

撒哈拉沙漠馬拉松的比賽路線，每年都不同，而且事先保密到家，參賽選手在比賽的前一天才會拿到路線圖。

冰上全馬賽，企鵝為你加油

像這樣特別的馬拉松，不僅處處不便，還要和死神搏鬥的比賽，當然不會只有一場！例如在聖母峰、亞馬遜叢林或在北極、南極等惡地都有舉辦類似的馬拉松，要跑完全程都一樣艱鉅。在南極舉辦的馬拉松，和在沙漠遇到的問題就很不一樣，參賽選手要面對的是攝氏零下20度，外加強烈的風速，在一大片白色曠野中奔跑約42.2公里，就像全世界只剩自己一樣的寂靜，替你加油的觀眾只有企鵝。而且在寒風中流汗，體溫容易迅速流失，身上只要沾到水，就容易凍傷。

參加這樣的極限賽跑，死神隨時會與你擦身而過，這時參賽選手彼此之間很容易變成生死之交的關係，你的競爭對手和成就感來源只有自己，而不是擊敗別人，這可能就是比賽雖艱難，仍有人要報名參加的原因吧！

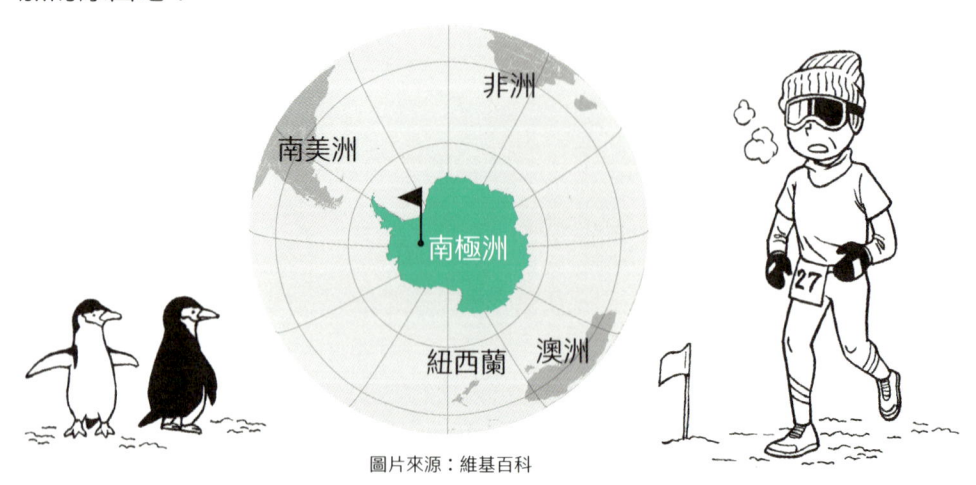

圖片來源：維基百科

Q30
非洲國家為什麼沒有辦過奧運會?

這太簡單了，因為非洲太熱了，不適合。

我覺得是因為舉辦奧運會太花錢了。

沒達到國際奧委會提出的五大條件，就不能舉辦奧運會。

為了符合**申奧條件**，非洲國家仍在努力！

　　非洲的人口數超過14億，運動人口眾多，在不少體育競技項目，成績也非常突出，但是非洲國家始終沒有辦過奧運，成為14億非洲人最大的遺憾。非洲國家背負著這麼多人的希望，其實過去好幾次提出申辦。

非洲爭取奧運會紀錄

提出年分	申辦國家和城市	結果
1997年	南非開普敦提出申辦2004年奧運會。	在5個競爭城市中排名第三，由希臘雅典獲選。
2000年	埃及開羅提出申辦2008年奧運會。	沒有列入候選城市名單中，最後由中國北京拿到主辦權。
2010年	南非城市：開普敦、約翰尼斯堡、普利托利亞、德班都曾計畫申辦2020年奧運會。	南非政府考量經濟無法負擔，最後沒有正式提出申請。由日本東京獲得主辦權。
2022年	埃及開羅提出想申辦2036年奧運會。	目前尚未有結果。期待能成為第一個舉辦奧運的非洲國家。

　　想要申辦奧運會，首先要說服國際奧會執行委員會，才有機會成為「候選城市」，若是條件不符，第一關就會被打回票。接著國際奧會依據

安全、場館、資金、政府支持……等各種評量標準，衡量提出申請的國家、城市是否能擔此重任。很可惜的是，非洲許多國家因為戰亂、衝突，國內局勢動盪，大批運動員若去非洲比賽，恐怕會發生危險，非洲國家若是想要申辦奧運，這必須是首要解決的問題。

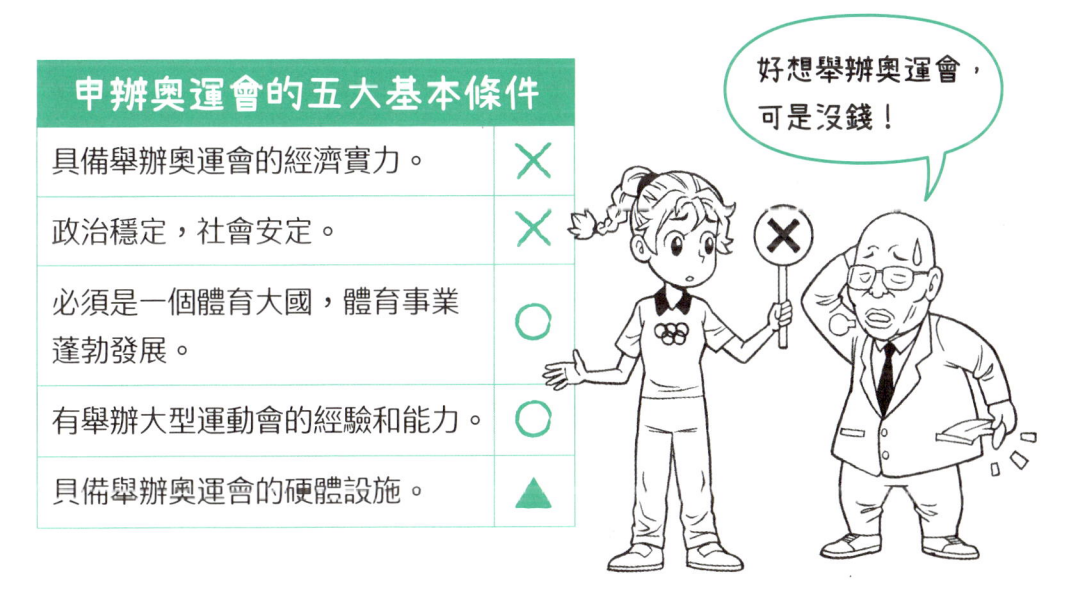

申辦奧運會的五大基本條件	
具備舉辦奧運會的經濟實力。	✗
政治穩定，社會安定。	✗
必須是一個體育大國，體育事業蓬勃發展。	○
有舉辦大型運動會的經驗和能力。	○
具備舉辦奧運會的硬體設施。	▲

賠錢的奧運會

舉辦奧運會其實很花錢，貧窮的國家沒錢就沒辦法辦事，經濟實力是優先考量因素。非洲國家雖然近年來經濟發展逐漸提升，但整體而言，與歐美、亞太地區的經濟實力對比，非洲國家仍然處於劣勢。舉辦奧運雖然風光，但絕對不是穩賺不賠的活動，在1980年代之前，舉辦奧運的城市沒有幾個能走出賠錢的陰影。例如1976年加拿大的蒙特婁奧運會，就賠了10多億美元，使蒙特婁這座城市負債長達30年。

青年奧運會在非洲舉辦

雖然奧運是世界上最著名的國際性賽事，但奧運並不是唯一，像是每4年舉辦一次的世界運動會、世界壯年運動會、青少年奧林匹克運動會，每2年就舉辦一次的世界大學運動會，也都是國際賽事，舉辦國家能展現國家實力，當然也一樣不輕鬆。例如由國際奧委會負責的青年奧林匹克運動會，比賽項目大部分與奧運會相同，只是參賽選手年齡限制定為15至18歲。原訂2022年在非洲的塞內加爾首都達卡舉辦的青年奧運會，因為新冠病毒疫情而延宕至2026年。

Q31 大洋洲國家都沒有舉辦過冬季奧運會?

大洋洲

大洋洲在哪裡?應該是交通很不方便吧!

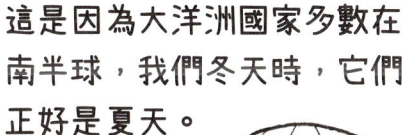

大洋洲幾乎都是小島,沒場地舉辦吧!

這是因為大洋洲國家多數在南半球,我們冬天時,它們正好是夏天。

大洋洲國家位在 **南半球**，永遠無法舉辦冬季奧運會。

大家常說的奧運會，其實是夏季奧運會，因為類似滑冰、滑雪等運動項目，受到氣候限制，必須要等到冬季才能舉行，因此奧運會到了1924年，就把這些必須在冬天舉辦的項目分開，舉行了第一屆冬季奧運會，之前的奧運會則以「夏季奧運會」來區分。之後每4年，冬季奧運會與夏季奧運會分別在不同國家舉行。

兩大奧運會不再同年舉辦

到了1994年起，冬季奧運會與夏季奧運會更澈底分開，改成每2年間隔交叉舉行。這也造成一起怪現象，那就是1992年在法國舉行冬季奧運會，才隔2年很快又在挪威舉行下一屆。另一個打破規律的情形，則發生在2022年，由於2020年東京夏季奧運會因為疫情延到2021年，與2022年初的北京冬季奧運會，相隔僅半年，這是1994年冬季、夏季奧運會錯開舉辦以來，間隔最短的一次。

夏季奧運會（屆）　　＊第32屆延期到2021年舉辦

1	2	……	8	9	……	25	26	……	32*	33
1986	1900		1924	1928		1992	1994	1996　1998	2020　2022	2024
			1	2		16	17	18	24	

冬季奧運會（屆）

冬季奧運會一定要有雪

舉辦冬季奧運會最重要的條件，就是氣候必須配合，要有足夠的「冰雪」。但是21世紀後，因為地球暖化、氣候變遷，即便是高緯度城市，也可能沒有足夠的冰雪來舉辦比賽。例如2022年的冬季奧運會在北京舉行，就因為等不到老天降雪，只能人造雪來應急。連高緯度城市都有這樣的煩惱，更何況散布在太平洋上的大小島嶼，多位於南北回歸線間，屬於熱帶氣候的大洋洲城市，根本沒有雪來舉辦冬季奧運會。

南北半球的季節相反

大洋洲可不只有零星散落的島嶼，還有個古老陸塊，南方大陸——澳洲，在世界各大洲中，是面積最小的大陸，位在南緯10度至40度之間。雪白冬季在澳洲也很常見，在澳洲東南部的澳洲阿爾卑斯山脈，就有不少滑雪場適合舉行冬季奧運會；與它相鄰的紐西蘭，緯度高、氣候寒冷，同樣冬季也有充足的降雪量，但是它們卻有個致命傷——位於「南半球」！也就是說，北半球過聖誕節時，它們沒有雪，而且還是炎夏。

大洋洲可以辦夏季奧運會

如果由南半球的城市來舉辦冬季奧運會，對北半球的運動員來說可就尷尬了！勞師動眾從北半球出發，正準備在比賽場上一展身手，沒想到迎面而來的是豔陽夏天，這要怎麼比賽呢？當然，大家也可以遷就南半球的

城市，改到7、8月的夏天舉行冬季奧運會，奈何北半球和南半球的人口相差懸殊，要大家改變習慣實在不容易，所以至今大洋洲仍沒有舉辦過冬季奧運會。

不過大洋洲曾舉辦過夏季奧運會，2000年的澳洲雪梨還特別改在9月中到10月初舉行，不過卻遭到美國抗議，因為那個時間美國正在舉行國內運動賽事，會影響奧運會的收視情況，為了遷就美國，後來奧委會決議往後的夏季奧運只能在北半球夏季的7、8月舉辦。

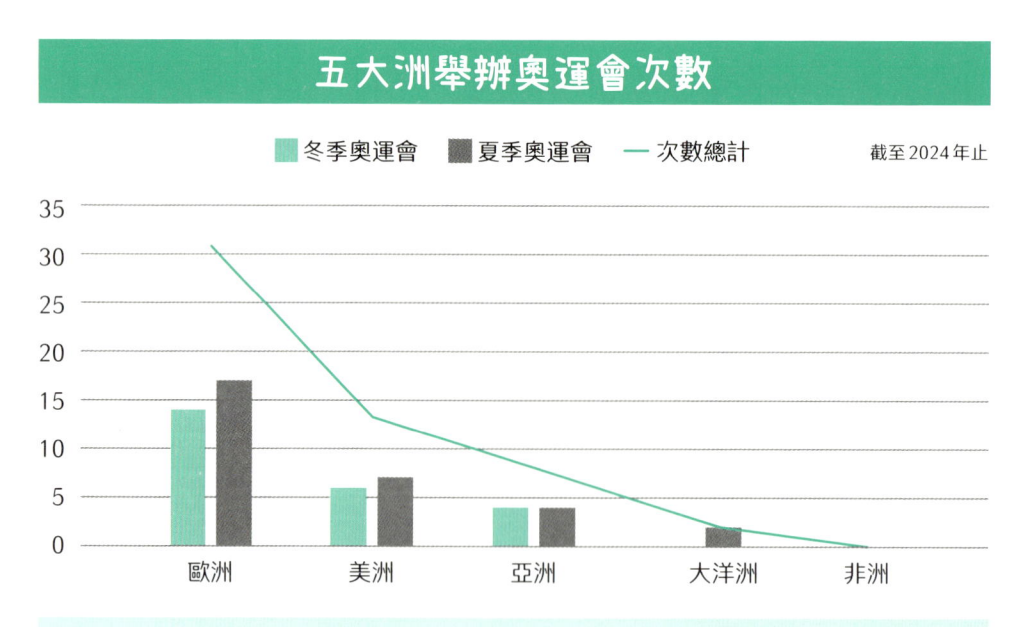

五大洲舉辦奧運會次數

■ 冬季奧運會　■ 夏季奧運會　— 次數總計　　截至2024年止

洲	冬季奧運會	夏季奧運會
歐洲	14	17
美洲	6	7
亞洲	4	4
大洋洲	0	2
非洲	0	0

歐洲、美洲、亞洲都有舉辦過夏季和冬季奧運會，其中以歐洲次數最多。大洋洲舉辦過夏季奧運會，都在澳洲。非洲則是從未舉辦過任何奧運會。

Q32 澳式足球不是你所知道的足球?

球好像橄欖球。

怎麼可以跳起來用手接球?

這是澳式足球,可用手傳接球,比賽規則和一般足球完全不同。

澳式足球是澳洲特有運動，除了踢球，還要**帶球跑**和**運球**！

澳大利亞（以下通稱澳洲）在成為國家之前曾是「英國臣民」，無論是語言、文化、生活習慣、運動，甚至現在流行的「澳式足球」和「英式橄欖球」，都深受英國影響，但是澳洲離英國實在太遙遠，作為母國的英國即使想要管理也鞭長莫及，英國文化飄洋過海以後，都變了樣，連足球也演變出澳式足球和英式橄欖球，而且此足球非彼足球，所謂的「英式」也不是溫文儒雅的紳士玩法，反而是球風粗野，凶悍頑強。

東、西部喜愛運動不同

澳洲的國土幅員廣袤，九成人口居住在濱海區域，東澳和西澳相距遙遠，不僅地形、地貌、氣候相異，生活習慣和喜好也不同，澳式足球主要盛行在東南部和西部，英式橄欖球則較受東部民眾喜愛。

地圖中的的黑色豎線稱為巴拉西線，是1978年歷史學家伊恩・特納，根據澳洲足球運動文化分布所提出的虛擬分界線，大致劃分了澳式足球和英式橄欖球受歡迎的區域。

踢球得分比較高

澳式足球是源於英國的足球和橄欖球的變體，球場橢圓形，而且非常巨大，面積一般足球場的兩倍。比賽開始的跳球方式與籃球類似，裁判會把球大力丟向地面，再由兩方球員在空中爭球。每隊場上18人，主要以持球奔跑，而以踢球射門的形式得分。但球員抱球跑約15公尺，就要運球一次，或是傳球給其他隊友，不能一直抱著球跑。

> 用腳踢進高門區得6分，踢進兩邊矮門區或用手投入高門區僅得1分！

人人都要搶定球

澳式足球有個特別的「定球」規則，如果某一個球員用腳長傳踢球，只要球沒落地，任何球員甚至是敵對方都可以去爭搶，一旦有球員用手穩穩接到沒有落地，就獲得「定球」的機會，附近的敵對球員都不能向前奪球，而且要全部清開，讓持球員有空間傳球或直接射門。因為搶到定球，幾乎就能得分，雙方球員常常會不擇手段搶奪，甚至跳到隊友或敵對球員的身上來接球。

英式橄欖球

在澳洲流行的英式橄欖球，又可以再細分為聯盟式橄欖球和協會式（另譯為聯合式）橄欖球。英式橄欖球都在長方形場地上比賽，球場兩端各有一座H型球門。比賽目的都是持球衝到對方球門線後方，主要以球觸地的方式得分。只是兩者在比賽用球、場地、得分、賽制規則都有所不同，已是完全不同的兩種運動，共通點是澳洲人對於這兩種橄欖球運動都很喜愛，同屬澳洲最受歡迎的運動之一。聯盟式橄欖球，只風行於英國和澳洲，而協會式橄欖球在西歐、紐澳、南非都是熱門運動。

是足球？還是橄欖球？

英式橄欖球和英式足球，都是衍生自歐洲古代的一種團體球類運動。兩者不是以球的形狀來區分，而是以能不能「用手抱球」來區別，所以聯盟式橄欖球和協會式橄欖球，甚至澳式足球實質上都是「橄欖球」！

圖片來源：維基百科

噹噹噹噹♪
知道好多關於各國運動的故事，真有趣！
光是足球，各個國家的發展都不一樣呢。
體育活動也是促進各國交流的好方式！
那麼我們下一堂課再見唷！
下課啦！

我的運動筆記

★ 我最喜歡的運動 _____

★ 我最擅長的運動 _____

★ 我最喜歡觀看的運動比賽 _____

★ 我最喜歡的體育選手 _____

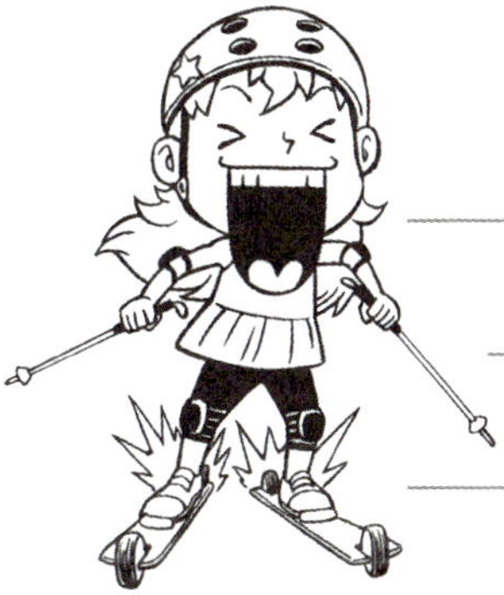

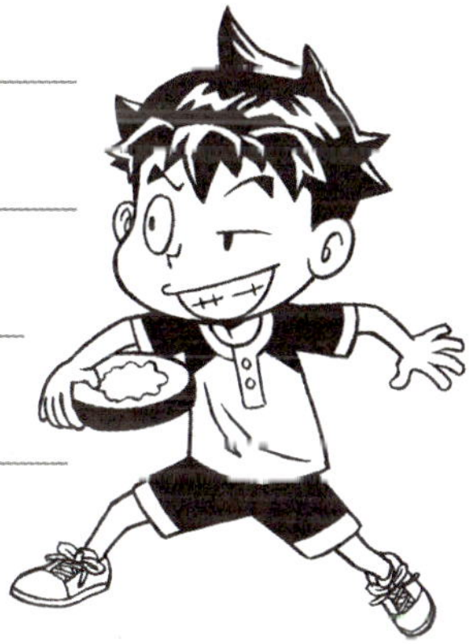

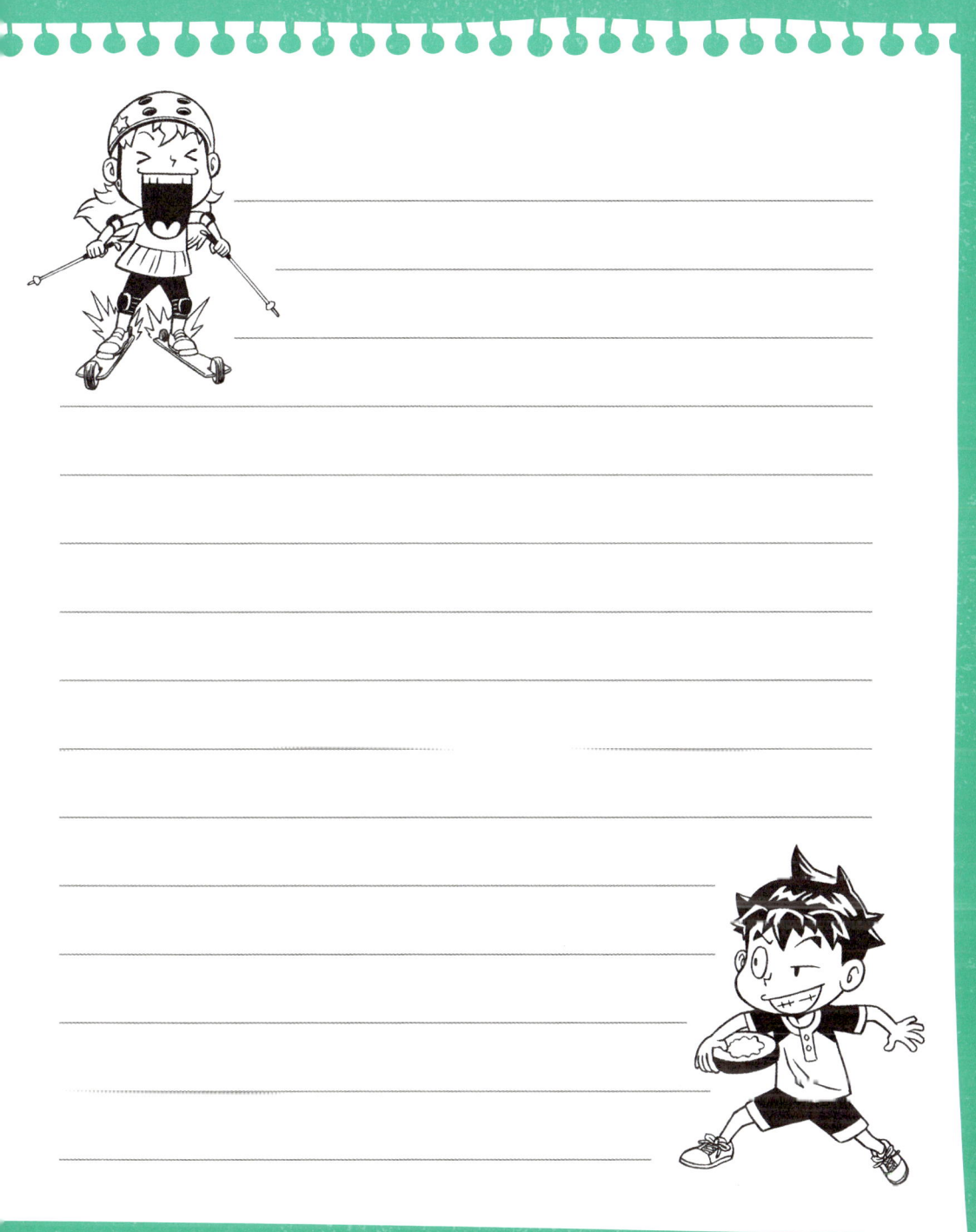

不得了！超有料的體育課
地理篇：世界各國瘋運動

企劃｜小木馬編輯部
文｜黃健琪
圖｜傅兆祺

總　編　輯｜陳怡璇
副總編輯｜胡儀芬
助理編輯｜俞思塵
題目整理｜小木馬編輯部、涂皓翔
編輯協力｜張莉莉
美術設計｜吳孟寰
行銷企劃｜林芳如

出版｜小木馬／遠足文化事業股份有限公司
發行｜遠足文化事業股份有限公司（讀書共和國出版集團）
地址｜231 新北市新店區民權路 108-2 號 9 樓
電話｜02-2218-1417
傳真｜02-8667-1065
Email｜service@bookrep.com.tw
郵撥帳號｜19504465 遠足文化事業股份有限公司
客服專線｜0800-2210-29
法律顧問｜華洋法律事務所　蘇文生律師
印刷｜呈靖彩藝有限公司

2024（民 113）年 9 月初版一刷
定價 350 元
ISBN｜978-626-98951-6-8
　　　978-626-98951-7-5（EPUB）
　　　978-626-98951-5-1（PDF）

有著作權・翻印必究

特別聲明：有關本書中的言論內容，不代表本公司／出版集團之立場與意見，文責由作者自行承擔。

國家圖書館出版品預行編目 (CIP) 資料

不得了!超有料的體育課. 地理篇 : 世界各國瘋運動 /
黃健琪文. -- 初版. -- 新北市 : 小木馬, 遠足文化事業
股份有限公司, 民 113.09
140 面 ; 17x21 公分
ISBN 978-626-98951-6-8(平裝)
1.CST: 運動 2.CST: 世界地理 3.CST: 通俗作品
528.9022　　　　　　　　　　　　　113012863